Ulrike Wehinger

Eltern beraten, begeistern, einbeziehen

Ulrike Wehinger

ELTERN
beraten, begeistern, einbeziehen

Beispiele einer lebendigen Erziehungspartnerschaft

HERDER

FREIBURG · BASEL · WIEN

Im Interesse der besseren Lesbarkeit wird in diesem Buch meist die weibliche Form (z.B. »Kolleginnen«) gewählt, da die in Kitas vertretenen Berufe prozentual stärker von Frauen besetzt sind. Männer, die dieses Buch lesen, mögen sich bitte trotzdem angesprochen fühlen.

www.herder.de

Umschlaggestaltung: RSRDesign Reckels & Schneider-Reckels, Wiesbaden
Umschlagfoto: Hartmut W. Schmidt, Freiburg
Illustrationen: Ralph Musen, Balingen
Lektorat: Pia Haferkorn, Freiburg (verantwortlich), Gernot Geurtzen, München

Layout: RSRDesign Reckels & Schneider-Reckels, Wiesbaden
Satz: Arnold & Domnick, Leipzig
Herstellung: fgb · freiburger graphische betriebe
www.fgb.de

Gedruckt auf umweltfreundlichem, chlorfrei gebleichtem Papier
Printed in Germany
ISBN 978-3-451-30332-6

Liebe Leserinnen,
liebe Leser,

Sie alle sehen sich in Ihrer täglichen Praxis vor eine Vielfalt von Anforderungen gestellt. In unterschiedlichsten Situationen wird von Ihnen kompetentes Handeln erwartet. Dabei sollen Ihre Aktivitäten stets dem Wohl jedes einzelnen Kindes dienen und ihm eine bestmögliche Unterstützung bieten. Wer diese Anforderung tagtäglich erlebt, weiß, wie schwierig es ist, den Erwartungen gerecht zu werden.

Mit »Eltern beraten, begeistern, einbeziehen« liegt Ihnen nunmehr der vierte Band der praxisorientierten Fachbuchreihe vor, deren Name Programm ist: *KOMPETENZ konkret* möchte Sie in Ihrem pädagogischen Alltag dabei unterstützen, professionell und adäquat zu reagieren und Ihr weiteres Handeln gezielt zu planen.

Der vorliegende Band beleuchtet anhand von typischen Beispielen aus dem Kita-Alltag den Kompetenzbereich »Bildungs- und Erziehungspartnerschaft mit Eltern«. Viele der dargestellten Situationen und die damit verbundenen Stolpersteine, Probleme oder Konflikte werden Sie aus eigener Erfahrung kennen. *KOMPETENZ konkret* geht der Frage nach, was dahintersteckt, wenn Situationen in verschiedenen Bereichen der Zusammenarbeit mit Eltern nicht optimal verlaufen, und was Sie persönlich und gemeinsam mit Ihren Teamkolleginnen tun können, um dies zu ändern. Es zeigt Lösungsmöglichkeiten und Handlungsstrategien auf und liefert Ihnen die nötigen Materialien, um ähnlich gelagerte Situationen professionell meistern zu können.

Dieses Buch möchte dazu beitragen, Ihren Blickwinkel auf Frage- und Problemstellungen im Arbeitsalltag zu verändern. Es liefert Ihnen Impulse zur Reflexion über Ihr eigenes pädagogisches Verhalten. Wünschenswert ist, dass durch Ihre persönliche Auseinandersetzung mit den spezifischen Anforderungen an die partnerschaftliche Zusammenarbeit mit Eltern auch das Interesse Ihrer Kolleginnen an diesem Thema geweckt wird, so dass sich ein Diskurs im Team entwickeln kann.

Aufgrund eigener langjähriger Erfahrungen in Praxis, Forschung und Weiterbildung weiß ich, wie wichtig praxisnahe und praxistaugliche Publikationen sind. Daher stand meine Entscheidung, die Reihe *KOMPETENZ konkret* fachlich zu begleiten, schnell fest – und ich freue mich, sie gemeinsam mit praxiserfahrenen, fachlich versierten Autorinnen und Autoren verwirklicht zu sehen.
Ich bin überzeugt davon, dass Sie und Ihre Kolleginnen, die sich tagtäglich der Aufgabe stellen, Bildung und Betreuung von Kindern in Tageseinrichtungen zu ermöglichen, gemeinsam in der Lage sind, gute und wirksame pädagogische Prozesse zu entwickeln.
Hierzu wünsche ich Ihnen bestes Gelingen.

Soest im Frühjahr 2010
Bernd Groot-Wilken

Sich mit den Eltern der Kinder auf den Weg machen, sich gemeinsam an der Entwicklung der Kinder freuen, sich regelmäßig über Erfolge oder Unsicherheiten austauschen, sich Aufgaben stellen und sie gemeinsam meistern, einander gegenseitig stärken und unterstützen – dies alles ist Erziehungspartnerschaft, eine Zusammenarbeit, in der sich Eltern und pädagogische Fachkräfte als gleichwertige Partner in der Erziehung der Kinder erleben.

Diese Art der Zusammenarbeit mit den Eltern geht von einem echten Interesse an den Familien aus, ist geprägt von einem freundlichen Miteinander und gegenseitigem Respekt und verlangt gleichzeitig hohe Professionalität. Erziehungspartnerschaft ist keine Methode, sondern eine Haltung, die gelebt und erfahren wird. Aus dieser Haltung entstehen neue und vielleicht auch ungewohnte Möglichkeiten und Wege mit den Familien. Diese Haltung ist entscheidend, damit der Zugang zu den Familien gelingt und eine gegenseitige Beziehung entstehen kann. Aus diesem Grund ist es notwendig, bei allen Aktionen oder Angeboten zu reflektieren, aus welchem Geist heraus sie angetrieben werden, um nicht nur in Aktionismus zu verfallen.

Während es bei der »Elternarbeit« in früheren Jahrzehnten vor allem darum ging, die Eltern zu informieren, ihnen etwas vorzustellen, etwas anzubieten, sie anzuregen oder einzuladen, zeichnet sich der neue Weg der Erziehungspartnerschaft dadurch aus, dass nicht mehr alle Aktivitäten und Anregungen von den Erzieherinnen ausgehen, sondern dass miteinander auf einer gemeinsamen Basis gedacht und geplant wird. Beide Parteien – pädagogische Fachkräfte und Eltern – tragen gemeinsam Verantwortung für den Bildungsprozess der Kinder, sie sorgen dafür, dass dadurch die Lebenswelten Kita und Familie verbunden werden und nicht mehr parallel nebeneinander existieren. Die Eltern und die ganze Familie werden als aktive Partner wahrgenommen. Sie werden nicht »bedient«, sondern sind »Mitgestalter«. Sie können Entscheidungen treffen und tragen, sie können Initiati-

»Es macht keinen Sinn, ein Kind zu erziehen, ohne dabei die für das Kind bedeutendsten Menschen zu berücksichtigen.«
Tina Bruce

ven ergreifen, und vor allem können sie aktiv am Lernen ihrer Kinder in der Tageseinrichtung teilhaben.

Der letztgenannte Aspekt der gemeinsamen Sorge für das Kind, seine Entwicklung, Erziehung und Förderung, steht im Mittelpunkt der gemeinsamen Erziehungspartnerschaft.

Entwicklung auf sicherem Fundament

Praktizierte Erziehungspartnerschaft wirkt sich positiv auf die Entwicklung der Kinder aus. Sie spüren, dass ihre Eltern und Erzieherinnen ein gemeinsames Interesse an ihrer Erziehung haben, und sie erleben eine Verbindung zwischen beiden Lebenswelten. Dies vermittelt den Kindern Sicherheit und Geborgenheit – beides grundlegende Voraussetzungen dafür, dass sie sich in der Kindertagesstätte für Neues interessieren können. Auf diesem Fundament können sich ihr Lernen und ihre Entwicklung frei entfalten.

Begegnung auf Augenhöhe

Das Ziel, eine Partnerschaft mit den Eltern für eine gute Entwicklung der Kinder einzugehen, setzt voraus, dass alle im Kindergartenteam davon überzeugt sind, dass das, was sie tun, sinnvoll und gut ist. Die Überzeugung des eigenen Tuns überträgt sich motivierend auf die Eltern und die Kinder. Für die Erziehungspartnerschaft mit den Eltern bedeutet dies vor allem auch das Schaffen einer positiven Atmosphäre, in der sich alle willkommen fühlen. Dabei spielt der Umgang miteinander, die Einstellung und Haltung der Mitarbeiterinnen, aber auch die Gestaltung von Räumen und Angeboten eine große Rolle.

Die Begegnung auf Augenhöhe zwischen Eltern und Fachkräften bezieht sich im Wesentlichen auf die Art und Weise, wie beide miteinander im Kontakt sind. Eine positive Grundeinstellung den Familien gegenüber bietet eine stabile Basis für jede weitere Zusammenarbeit. Bei den Eltern wird grundsätzlich ein tiefes Interesse an der Entwicklung und Erziehung ihrer Kinder angenommen. Sie werden als kompetente Partner respektiert und wertgeschätzt. Dabei spielt es keine Rolle, welche Ausbildung oder fachlichen Grundlagen die Gesprächspartner haben, sondern ob sie bereit sind, Verständnis füreinander aufzubringen und ob sie bemüht sind, sich zu verstehen. Der Austausch über pädagogische Verhaltensweisen, die Gestaltung des Alltags mit den Kindern in der Kindertagesstätte oder zu Hause bietet vielfältige Gelegenheiten dazu.

Ein solcher gleichwertiger Austausch eröffnet beiden Seiten die große Chance zur Reflexion des eigenen Handelns und von Gewohnheiten und damit zur Weiterentwicklung. Diese Haltung ist ressourcenorientiert, d.h. die Annahme und der Glaube an die Fähigkeiten der Kinder, der Eltern und nicht zuletzt der Mitarbeiterinnen sind von größter Bedeutung. Auf dieser Grundlage kann man gemeinsam wachsen, sich entwickeln, etwas Neues lernen, einander ohne Konkurrenzdruck begegnen und geduldig miteinander umgehen. Da eine echte Erziehungspartnerschaft ohne diese Haltung nicht umgesetzt werden kann, sollte sie im Team auch immer wieder zur Sprache gebracht und reflektiert werden.

Für die Mitarbeiterinnen in den Einrichtungen sind neben dem Interesse an den Familien weitere Grundhaltungen hilfreich:
Geduld, um sich selbst und den Eltern Zeit für Veränderungen zu lassen und kleine Schritte als Erfolg erleben zu können,
Toleranz, um Andersartigkeit anerkennen zu können und das Gefühl vermitteln zu können, sich angenommen zu fühlen,
Vertrauen, damit die Eltern spüren, dass sie sich öffnen können und Probleme und Sorgen auch einen Platz haben,

Offenheit, z. B. für neue Ideen, damit neue Gedanken, Vorschläge und auch kritische Rückmeldungen angenommen und reflektiert werden können,
Dialogbereitschaft und Kontaktfreude, damit beide Seiten zueinanderfinden und sich kennen lernen,
der Wille zum gemeinsamen Lernen, damit die Erzieherinnen die Eltern dazu ermuntern können, miteinander diesen Weg zu gehen, und bereit sind, sich auf Neues einzulassen.

Eltern als Experten für ihr Kind ernst nehmen

Keiner kennt ein Kind besser und länger als seine Eltern. Viele Erfahrungen haben diese Beziehung bereits geprägt. Diese Geschichte kennen zu lernen, ist der Anfang des gemeinsamen Weges. Wichtige Ereignisse im Leben des Kindes von Mutter oder Vater zu hören, nachzufragen und sich zu interessieren, diese Haltung nimmt die Eltern als Experten für ihr Kind ernst. Ihre bisherigen Erfahrungen sind die Grundlage für die Zusammenarbeit, auf der gemeinsam aufgebaut werden kann. So kann mit diesem Hintergrundwissen z. B. die Eingewöhnung des Kindes in die Kita sehr individuell für das Kind vorbereitet werden (*siehe Kapitel 1*).

Eine wichtige Aufgabe in der Erziehungspartnerschaft besteht also darin, die beiden Lebenswelten des Kindes zu verbinden. In regelmäßig stattfindenden Entwicklungsgesprächen werden Fragen zur Betreuung, Bildung und Erziehung des Kindes gemeinsam besprochen, analysiert, geplant und reflektiert.

Neue Aufgaben in der Partnerschaft mit Eltern

Für die pädagogischen Fachkräfte, die täglich ihren Auftrag der Erziehung, Bildung und Betreuung der Kinder erfüllen, wird es immer wichtiger, ihre Aufgabe auch darin zu sehen, ihr pädagogisches Wissen in angemessener

Weise mit den Eltern zu teilen. Sie sind aufgefordert, dieses Wissen transparent und verständlich zu machen, so dass Eltern angeregt werden, nachzufragen und auch eigene Beobachtungen über ihr Kind einzubringen.

Pädagogische Fachkräfte einerseits erkennen, wann es an ihnen ist, Bildungsangebote für Eltern zu initiieren, und andererseits bereit sein, von Eltern angeregte Initiativen mit geeigneten Mitteln zu unterstützen und zu fördern. Wenn Eltern sich gegenseitig unterstützen und miteinander etwas Neues ins Leben rufen wollen, sollten sich die Fachkräfte zurückziehen, um diese Eigeninitiative wachsen zu lassen (*siehe Kapitel 6*).

Unterstützend kann dabei schon die Schaffung von Räumlichkeiten für die Eltern sein. Die Eltern brauchen einen Raum, den sie nutzen und den sie mitgestalten können. Dies gilt im konkreten wie im übertragenen Sinn: Ansprechende Sitzmöglichkeiten in einer schönen Atmosphäre, die dazu einlädt, sich zu informieren und auszutauschen, sind ebenso wichtig wie der persönliche Raum der Eltern, sich aktiv zu beteiligen, sich zu treffen oder auch nur hin wieder eine Idee einzubringen (*siehe Kapitel 4*).

In der Begleitung und Beratung von Eltern spielt es eine wichtige Rolle, ihre pädagogische Kompetenz zu stärken und zu entwickeln und ihnen die Erfahrung der Selbstwirksamkeit zu ermöglichen. Die Familien sollen darin unterstützt werden, ihr Leben mit ihren Kindern selbstverantwortlich zu gestalten. Aber nicht nur für die pädagogischen Fachkräfte sind Veränderungen im Rollenverständnis sowie ein neues Verständnis der gegenseitigen Beziehungen notwendig, auch für die Eltern stehen neue Herausforderungen an. Für manche Familien mag es ungewohnt sein, sich aktiv gemeinsam mit anderen Personen über ihr Kind auszutauschen – ein Austausch, der bereits bei der Eingewöhnung ihres Kindes in die Einrichtung beginnt. Sie erfahren hier schon in den ersten Wochen, in denen sie ihr Kind teilweise begleiten, wie die Praxis im Kindergartenalltag aussieht, und erhalten vielleicht die Anregung, ihr Kind zu Hause zu beobachten und diese Beobachtungen mit einer Erzieherin auszutauschen (*siehe Kapitel 1*).

Bei den Eltern können solche Aufgaben und Anregungen zunächst Skepsis oder sogar Ablehnung hervorrufen. Sie brauchen Zeit und sollten spüren, dass es bei diesem Vorgehen darum geht, von Anfang an einen guten Kontakt zwischen Erzieherinnen und Kind herzustellen, und dass das Kind mithilfe der Eltern in der neuen Gruppe besser verstanden wird. Die Eltern erfahren, dass sie als »Experten für ihr Kind« anerkannt und wertgeschätzt werden.

Familien werden vielfältiger, Väter fordern Beteiligung

Familie – dieser Begriff bedeutete früher Vater, Mutter, Kinder. Heute dagegen gibt es vielfältige Formen des familiären Zusammenlebens: Familien mit einem oder mehreren Kindern, alleinerziehende Mütter und Väter, Patchwork-Familien, Migrantenfamilien, mehrsprachige Familien mit Partnern aus unterschiedlichen Ländern, gleichgeschlechtliche Eltern, Großeltern mit Sorgerecht für ihre Enkel, Familien mit Kindermädchen, sehr junge und auch sehr alte Eltern …

In der Zusammenarbeit mit den Eltern ist es wichtig, sich immer wieder darauf zu besinnen, dass es Mütter und Väter sind, mit denen die Erziehungspartnerschaft gelebt wird. Meist waren es in der Vergangenheit die Mütter, die gemeint waren, wenn von Elternarbeit die Rede war. Dieses Bild hat sich verändert, die Väter wollen und können heute mehr in der Erziehung ihrer Kinder aktiv sein. Väter nehmen immer mehr am Alltag ihrer Kinder in der Tageseinrichtung teil. Sie wollen beteiligt werden, auch in pädagogischen Fragen. Kapitel 5 wird sich deshalb den Möglichkeiten widmen, die sich für Väter in der Tageseinrichtung bieten.

In diesem Buch wird anhand von Fallbeispielen aus der Praxis aufgezeigt, welche Rolle eine lebendige Erziehungspartnerschaft im Alltag einer Kindertagesstätte spielt. Die Kapitel sind nach folgendem Schema aufgebaut:

1. Ein einleitendes Fallbeispiel schildert eine typische Kita-Situation, bei der Eltern und pädagogische Fachkräfte mit unterschiedlichen Anforderungen konfrontiert werden.
2. Unter der Überschrift »Was ist hier passiert?« wird analysiert, wie die Situation zwischen Eltern und pädagogischen Fachkräften unter dem Gesichtspunkt Erziehungspartnerschaft genutzt wurde.
3. Unter der Überschrift »Wie kann es besser laufen?« werden die für die Situation relevanten theoretischen Grundlagen erläutert und konkrete Handlungsvorschläge gemacht, wie die Erziehungspartnerschaft hier optimiert werden kann.

Dieses Buch richtet sich an alle pädagogischen Fachkräfte, die in Kindertageseinrichtungen und Krippen arbeiten, gleich welche Berufsausbildung oder welches Geschlecht sie haben. Der besseren Lesbarkeit halber wird auch häufig der Begriff »Erzieherin« benutzt, der hier ausnahmsweise nicht nur das eigentliche Berufsbild der Erzieherin, sondern ebenfalls alle pädagogischen Berufe in Kitas und Krippen einschließen soll.

Dank der Autorin

Wichtige Impulse für den Blick- und Haltungswechsel von der »Elternarbeit« zur »Erziehungspartnerschaft« habe ich durch den Kontakt zum Pen Green Centre in Corby, England gewonnen. Aus diesem Grund möchte ich Dr. Margy Whalley, der Gründerin und heutigen Direktorin der Forschungsbasis am Zentrum, meinen besonderen Dank aussprechen. Dass lebendige Erziehungspartnerschaft in der Praxis umgesetzt werden kann und ein Erfolgskonzept ist, dafür stehen Margy Whalley und ihr Team.

Ulrike Wehinger

1.

»Nicht nur für die Kinder ist alles neu!«

Die Eingewöhnung gemeinsam gestalten

Frau Meyer, Leiterin des Kindergartens Taubenweg, erklärt Frau Schmitt, der Mutter von Steffen, beim Aufnahmegespräch das Eingewöhnungskonzept. Für Frau Schmitt ist alles neu, da sie zum ersten Mal von diesem Eingewöhnungskonzept hört und bisher noch keine weiteren Informationen über den Kindergarten und seine pädagogische Konzeption hatte. Die berufstätige Mutter ist überrascht, wie viel Zeit sie gemeinsam mit ihrem Sohn in den ersten Wochen in der Kita einplanen soll. Sie ist davon überzeugt, dass ihr Sohn, der 2 Jahre und 6 Monate alt ist, weniger als zwei Wochen braucht, um sich einzugewöhnen. Frau Meyer versucht ihr die Wichtigkeit dieser Anfangszeit deutlich zu machen, spürt aber, dass sich Frau Schmitt schwertut, sich auf das Konzept einzulassen.

Was ist hier passiert?

Die Leiterin wie auch die Mutter haben klare Erwartungen, die mit der Aufnahme von Steffen zu tun haben. Beide wissen genau, was sie wollen und was sie nicht wollen, kennen aber die gegenseitigen Erwartungen nicht. Frau Meyer hat mit ihrem Team gemeinsam ein Eingewöhnungskonzept erarbeitet, das für die Aufnahme aller Kinder angewendet werden soll und das in der pädagogischen Konzeption der Kita eine wichtige Rolle spielt. Auch in der Beziehung zu den Eltern soll diese Anfangsphase als Grundlage für die gemeinsame Basis zur Erziehungspartnerschaft genutzt werden. Frau Schmitt dagegen steht seitens ihres Arbeitgebers unter Druck, möglichst bald wieder an ihren Arbeitsplatz zurückzukehren, und kennt ihren Steffen gut. Sie hat mit ihm schon eine Krabbel- und Spielgruppe besucht, er ist ein offenes Kind, das gerne in Kontakt mit anderen Kindern kommt, so dass sie davon ausgeht, dass er diesen Start in die Kita-Gruppe gut meistert. Auf die Idee, dass es zwei Wochen oder länger dauern soll, um ihn einzugewöhnen, wäre sie nie gekommen.

Wie könnte es besser laufen?

Es ist nicht ungewöhnlich, dass unterschiedliche Erwartungen der Leiterin und der Mutter aufeinandertreffen. Deshalb ist es wichtig, sich Zeit für ein gemeinsames Gespräch zu nehmen, in dem die Wünsche der Eltern in Bezug auf die Aufnahme des Kindes angesprochen werden können.

Für die Eltern beginnt ein neuer Lebensabschnitt mit ihrem Kind, sie haben sich zu Hause, mit ihren Freunden und der Verwandtschaft darüber ausgetauscht und viele Informationen von unterschiedlichen Seiten erhalten. Und Sie haben auch selbst Fragen, die sie beschäftigen. Für die Erzieherinnen sind die Begegnungen mit Vätern und Müttern, die ihre Kinder anmelden, zwar eine gewisse Routine und sie kennen viele Fragen, die Eltern in dieser Phase beschäftigen. Trotzdem brauchen sie immer wieder neu Einfühlungsvermögen und Verständnis für die Personen, die ihnen gegenübersitzen und mit ihren Fragen ernst genommen werden wollen.

Die Eltern mit grundlegenden Informationen versorgen

Die Entscheidung, in welcher Kita die Eltern ihr Kind anmelden sollen, fällt leichter, wenn bereits im Vorfeld einige Informationen über die Einrichtung für die Eltern verfügbar sind. Anhand eines Faltblattes oder Flyers kann z.B. über einige Rahmenbedingungen der Einrichtung, wie die Anzahl der Gruppen, die pädagogischen Fachkräfte und die konzeptionelle Ausrichtung, und über das Eingewöhnungskonzept kurz informiert werden.

Kennenlern- und Aufnahmegespräch

Nachdem sich die Eltern dazu entschieden haben, ihr Kind anzumelden, wird ein Kennenlerngespräch vereinbart. Es dient dazu, die Aufnahme des Kindes individuell zu planen. Als sehr gute Vorbereitung auf das Kennenlerngespräch eignet sich ein Fragebogen, den die Eltern zu Hause ausfüllen. Dieser Bogen kann einige Daten des Kindes abfragen, seine Vorlieben, Spielinteressen etc. (*siehe Abbildung 1*).

Während in vielen Einrichtungen ganz selbstverständlich ein Aufnahmegespräch mit den Eltern stattfindet, haben noch wenige Einrichtungen Kennenlerngespräche eingeführt. Der Schwerpunkt liegt dabei beim Kennenlernen des einzelnen Kindes und seiner Eltern und bei der gemeinsamen Planung der Eingewöhnung des Kindes. Die pädagogischen Fachkräfte nehmen sich mit den Eltern genügend Zeit, um dem Kind einen guten Start zu ermöglichen.

Es ist sinnvoll, einen zusätzlichen Termin für ein Aufnahmegespräch zu vereinbaren, damit die Eltern nicht zu viele Informationen auf einmal verarbeiten müssen. Wenn es den Eltern zeitlich möglich ist, kann ein Hospitationstag im Kindergarten dazu genutzt werden, einen Einblick in den Ablauf eines Vormittags zu erhalten.

Erst beim Aufnahmegespräch geht es dann um die Klärung organisatorischer Fragen zur Aufnahme und um Informationen zum Ablauf des Kindergartenalltags:

- Öffnungszeiten (Bring- und Abholzeiten, die für den Anfang evtl. individuell vereinbart werden)
- Gruppengröße und Gruppenzusammensetzung
- Grundausstattung, z.B. Vesper, Tasche/Rucksack, Turnsachen
- Gruppenspezifische Besonderheiten, wie z.B. Altersmischung von 1–6 Jahren
- Tages-/Wochen-/Jahresplanung (falls vorhanden)
- Freispiel, Angebote, Aktionen, Projekte, Turntage, Feste, Waldtage, Exkursionen
- Elternbeitrag und evtl. andere anfallende Kosten
- Klärung darüber, wer das Kind abholen kann
- Umgang mit Krankheit, Allergien, Behinderungen des Kindes, Fortführung oder Unterstützung einer begonnenen Therapie oder Fördermaßnahme oder Förderung im Kindergarten z.B. durch die bisher betreuenden Therapeuten des Kindes

Was macht Ihr Kind zu Hause gerne (Lieblingsspiel, Aktivitäten ...)?

....

Spielt Ihr Kind mit anderen Kindern? Wenn ja, mit wem (Geschwister, Freunde)?

....

Kennt Ihr Kind bereits Kinder, die den Kindergarten besuchen?

....

Braucht Ihr Kind Hilfe beim Anziehen?

....

Geht Ihr Kind alleine zur Toilette ?

....

Freut sich Ihr Kind auf den Kindergarten?

....

Was, glauben Sie, gefällt Ihrem Kind im Kindergarten besonders?

....

Was wird Ihr Kind als schwierig empfinden?

....

Was hilft Ihrem Kind am besten, sich einzugewöhnen (andere Kinder, Kuscheltier, bekannte Spiele ...)?

....

Wie reagiert Ihr Kind auf neue Situationen oder Menschen?

....

Abbildung 1: Formular »Fragebogen vor dem Kennenlerngespräch«

Hat Ihr Kind besondere Ängste oder hat es negative Erfahrungen gemacht, von denen wir wissen sollten?

....

Hat Ihr Kind eine Allergie, gesundheitliche Einschränkungen oder besondere Bedürfnisse, die wir berücksichtigen sollten?

....

Was, erhoffen Sie, sollte Ihr Kind im Kindergarten lernen?

....

Haben Sie Fragen, Wünsche oder Erwartungen an uns?

....

Wer von Ihrer Familie wird die Eingewöhnung Ihres Kindes begleiten?

....

Bei Kindern, die zweisprachig aufwachsen:
Welche Sprache bevorzugen Sie zu Hause?

....

Welche Sprache bevorzugt Ihr Kind zu Hause?

....

Welche Sprache benutzen Ihre Kinder im Spiel untereinander?

Die Eingewöhnung mit den Eltern gemeinsam gestalten

Die Aufnahme des Kindes in eine Kindertagesstätte ist für die gesamte Familie mit Veränderungen verbunden und sollte gut vorbereitet werden. Mit jeder einzelnen Familie sollte deshalb genug Zeit eingeplant werden, um über die Vorstellungen und Erwartungen, die sie mit der Aufnahme in die Kita haben, zu sprechen. Sie sollten mit dem Konzept der Eingewöhnung vertraut gemacht werden und ihre wichtige Rolle bei diesem Prozess erfahren.

Die Eltern sind für diesen Übergang für das Kind von größter Bedeutung. Sie repräsentieren das Vertraute und bieten Sicherheit, wenn alles andere unbekannt und neu ist. Je jünger das Kind ist, umso wichtiger sind die Eltern als sichere Basis, von der aus alles Neue erkundet werden kann.

Der Übergang wird für das Kind leichter, wenn es spürt, dass sich die Eltern und die neuen Bezugspersonen in der Kita kennen und die bisher vertraute Lebenswelt mit der neuen Lebenswelt »Kindertagesstätte« verbunden ist. Vertraute Übergangsobjekte helfen dem Kind, sich in der neuen Umgebung wohlzufühlen. Manchen Kindern hilft ein Kuscheltier, eine Decke, ein Schal der Mutter, der Trinkbecher oder das Kopfkissen von zu Hause. Wenn die Kinder gewisse Rituale gewohnt sind, hilft es ihnen, wenn diese teilweise auch in der Kita übernommen werden und wenn umgekehrt manches aus der Kita auch zu Hause eine Rolle spielt, z. B. wenn die Mutter Lieder und Fingerspiele aus der Kita mit dem Kind singt und spielt.

Eine schöne Form, die beiden Lebenswelten zusammenzubringen, ist ein »Familienbuch«, in das die Kinder mehrere Fotos von zu Hause, den Eltern, den Geschwistern, evtl. vom Haustier, der Wohnung etc., einkleben, damit diese auch in der Kita gegenwärtig sein können (*siehe Kapitel 3, S. 48*). Eine Fotowand im Gruppenzimmer, auf der die Eltern abgebildet sind, kann einen ähnlichen Effekt für die Kinder haben. Nicht selten nutzen die Kinder eine solche Möglichkeit, um zwischendurch zum Foto zu gehen oder sich das Familienbuch zu holen und sich zu vergewissern, dass diese andere Lebenswelt noch vorhanden ist. So können sie etwas Sicherheit tanken.

Die ersten intensiven Begegnungen mit den Eltern während der Eingewöhnung des Kindes, die Art, wie die Familie aufgenommen wird und sich willkommen fühlt, nehmen Einfluss auf die gesamte Zeit, die das Kind in der Kita verbringen wird. In dieser Zeit wird der Grundstein für die Erziehungspartnerschaft gelegt. Jede Familie geht mit dem Übergang in die Kita anders um. Deshalb ist es sinnvoll, vor der Aufnahme bereits über die Vorstellungen und Erwartungen zu sprechen, die bei den Eltern vorhanden sind, sie mit dem Konzept der Eingewöhnung vertraut zu machen und einen individuellen, kindorientierten Weg zu finden.

Abbildung 2 macht den Unterschied noch einmal deutlich. Im Modell 1 ist das Kind das Bindeglied zwischen der Familie und der Kita. Ihm wird die Aufgabe zugeteilt, beide Lebenswelten miteinander zu verbinden. Im Modell 2 sind Familie und Kita miteinander in Kontakt und direkt verbunden, so dass die Verbindung über die Familie und die Kita vorhanden ist und nicht primär Aufgabe des Kindes ist. Das Kind wird dadurch von dieser Aufgabe entlastet.

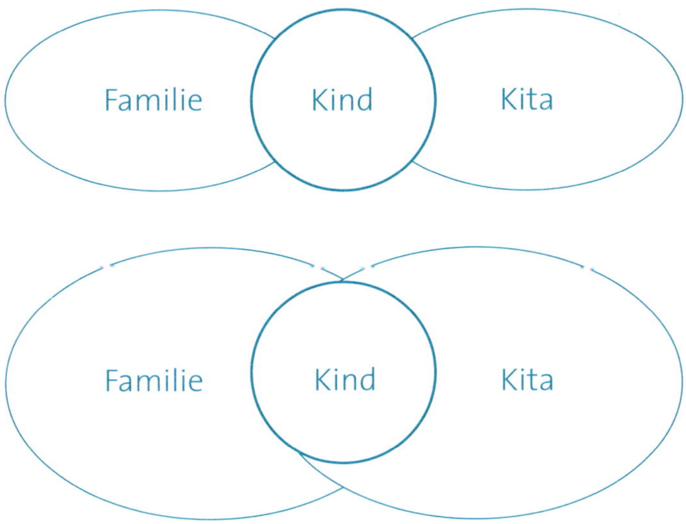

Abbildung 2: Zwei Modelle einer Verbindung von Familie und Kita

Den Start mit einem Eingewöhnungsmodell erleichtern

Im »Berliner Eingewöhnungsmodell«, das Hans-Joachim Laewen, Beate Andres und Éva Hédervári entwickelt haben (vgl. Laewen/Andres/Hédervári 2003), wird Wert darauf gelegt, dass die Eingewöhnung für das Kind mit den gewohnten Bindungspersonen geschieht und langsam neue Beziehungen aufgebaut werden. Verschiedene Phasen, bei denen die Eltern aktiv beteiligt sind, helfen dem Kind, einen guten Übergang zu finden, und orientieren sich an den Bedürfnissen des einzelnen Kindes. Die wichtigsten Eckpunkte werden im Folgenden kurz vorgestellt.

1. Allmähliche und individuelle Eingewöhnung ermöglichen

Während man früher noch davon überzeugt war, dass möglichst schnelle Trennungen die Eingewöhnung erleichtern, weiß man heute, dass schnelle Trennungen eher zur Verdrängung von Gefühlen führen können und nach einer Zeit die nicht verarbeiteten Gefühle wie Wut, Trauer und Angst dem Kind zu schaffen machen.

Für Kinder, die sich schnell trennen, sollte deshalb die Eingewöhnung nicht verkürzt, sondern eher verlängert werden, da ihr Ausdruck von Trennungsängsten in der Regel zeitlich verzögert ist und ihnen noch etwas Zeit gegeben werden sollte, auch diese Trennungsängste zeigen zu dürfen. Wenn sie ihre Gefühle zeigen dürfen und nicht verdrängen müssen, können sie diese Erfahrung auch zur Verarbeitung anderer Situationen anwenden. Kinder, die eine solche Übergangsphase gut bewältigen, sind auch für kommende Krisen besser gerüstet.

Auch für die Eltern ist ein allmählicher Eingewöhnungsprozess wichtig, um sich während dieser Zeit mit dem Kind in der Einrichtung auf die neue Situation einstellen zu können und dabei die Erfahrung machen zu können, dass sich das Kind wohlfühlt. Dies kann den Eltern dabei helfen, ein positives Gefühl für die Fremdbetreuung des Kindes und ein positives Selbstbild zu entwickeln. Besonders wichtig ist das für Eltern, deren Kinder noch sehr jung sind und die nicht selten an ihrer Entscheidung zweifeln, ob es gut ist, das Kind so jung schon in die Kita zu bringen. Untersuchungen zufolge gibt es einen direkten Zusammenhang zwischen einem positiven Selbstbild der Eltern und einem geringeren Auftreten von Verhaltensauffälligkeiten bei Kindern (vgl. Gudat 1982). Die aktive Auseinandersetzung mit der Eingewöhnungssituation gelingt den Eltern meist dann gut, wenn sie Anregungen und Empfehlungen und keine Anweisungen erhalten. Auch hier geht es wie in allen Bereichen der Zusammenarbeit mit den Eltern um eine respektvolle Haltung und gegenseitige Achtung.

2. Die elternbegleitete Eingewöhnungsphase
Das Berliner Eingewöhnungskonzept baut auf der Zusammenarbeit mit den Eltern oder anderen bisherigen Bezugspersonen des Kindes auf. Es setzt voraus, dass das Kind in dieser Phase von seiner Mutter, seinem Vater oder einer ähnlich vertrauten Bezugsperson (Oma, Partner der Mutter etc.) so lange begleitet wird, bis es zu den neuen Personen in der Kita Vertrauen gewonnen hat, sich von ihnen bewusst verabschieden kann, die neue Umgebung kennt und den neuen Anforderungen gewachsen ist.

3. Die Bezugserzieherin als Bindungsperson
Je nach Alter der Kinder, die in der Kita aufgenommen werden, spielt die Bezugserzieherin eine große Rolle. Sie ist für das Kind die vertraute erwachsene Person in der neuen Einrichtung, die in der ersten Zeit seine Ansprechperson sein wird. Für besonders junge Kinder spielt sie eine größere Rolle und nimmt als Vertrauensperson auch für die Eltern eine wichtige Aufgabe wahr. Bei Kindern, die schon etwas älter sind, können auch andere Kinder aus der Kindergruppe wichtige Brückenfunktionen übernehmen, sie in die neue Gruppe einführen und im Kindergartenalltag begleiten. Manche erfahrenen Kita-Kinder sind sehr stolze und verantwortungsbewusste »Paten« für neue Kinder und übernehmen wichtige soziale Funktionen.

Die Kinder brauchen in ihren ersten Lebensjahren sichere und stabile Bindungen als Grundlage für sämtliche Lern- und Bildungsprozesse. Genauso wichtig sind stabile Bindungen auch, um später Beziehungen zu anderen

Menschen aufbauen zu können. Die Bezugserzieherin hilft dabei, dass kein Bruch in der Bindungserfahrung des Kindes auftreten muss. Sie ist die Brücke, die für das Kind einen guten, sicheren Übergang von der Familie in die Einrichtung schaffen kann. In der Regel ist sie die Ansprechperson für den Elternteil, der das Kind in die Einrichtung eingewöhnt. Wichtig ist es, zu beobachten, welche Bezugserzieherin das Kind selbst wählt. Selbst dann, wenn mit großer Sorgfalt auf Seiten der Erzieherinnen eine Bezugserzieherin bestimmt wurde, können Kinder eigene Vorlieben für eine selbst gewählte Bezugserzieherin zeigen. Man sollte dann offen sein für spontane Veränderungen und solche von Kindern gewählte Präferenzen zulassen.

4. *Reflexion der Eingewöhnungsphase als erste gemeinsame Aufgabe in der Erziehungspartnerschaft*

Auch nach der Eingewöhnung sollte wieder ein Gespräch stattfinden, in dem sich Eltern und pädagogische Fachkräfte über die ersten Monate austauschen und festhalten, was sich in dieser Zeit für die Eltern und das Kind verändert hat. Wie vor dem Kennenlerngespräch kann als Vorbereitung auf das Gespräch auch nach der Eingewöhnung den Eltern ein Fragebogen mit nach Hause gegeben werden (*siehe Abbildung 3*), der dann als Grundlage für das Gespräch dient. Hilfreich für die gemeinsame Reflexion ist auch ein Eingewöhnungstagebuch, das von den pädagogischen Fachkräften während der Eingewöhnungsphase geführt wird und den Eltern einen Einblick über den Ablauf der ersten Zeit in der Kita gibt.

Wie haben Sie die Eingewöhnung in die Kita erlebt? Waren Sie gut vorbereitet? War Ihr Kind gut vorbereitet?

....

Was hätten Sie oder Ihr Kind noch während der Eingewöhnungsphase gebraucht?

....

Wie hat sich Ihr Kind inzwischen eingewöhnt? Braucht es weitere Unterstützung?

....

Freut sich Ihr Kind morgens auf die Kita?

....

Haben Sie eine Veränderung bei Ihrem Kind wahrgenommen (z.B. im Kontakt mit anderen Kindern, im Umgang zu Hause, in der Sprache ...)?

....

Haben Sie diese neue Situation in Ihren Familienalltag integriert?

....

Haben Sie oder wünschen Sie Kontakt zu anderen Eltern?

....

Haben Sie genügend Informationen und Einsicht darüber, was Ihr Kind in der Kita macht?

....

War das Eingewöhnungstagebuch hilfreich für Sie?

....

Gibt es weitere Fragen oder Anregungen, die Sie uns noch mitteilen wollen?

....

Abbildung 3: Formular »Fragebogen nach der Eingewöhnung«

2.

»Was ist denn ein Portfolio?«

Eltern in das Lernen der Kinder einbeziehen

Seit fast einem Jahr führen die pädagogischen Fachkräfte im Kindergarten Arche Noah für jedes Kind ein Portfolio. Immer wieder kommen Eltern auf die pädagogischen Fachkräfte zu, da sie gerne mehr darüber erfahren wollen. Die Kinder erzählen zu Hause von den »Geschichten«, die sie in ihren Ordner schreiben. Einige Mütter haben sich schon das Portfolio ihres Kindes im Kindergarten zeigen lassen. In der Teamsitzung bringt Frau Müller, Erzieherin in der »Bärengruppe«, das Interesse dieser Mütter am Portfolio zur Sprache. Alle Kolleginnen sind sich relativ schnell einig, diese Anfragen möglichst bald aufzugreifen. Sie suchen nach einer zündenden Idee, in welcher Form sie dies tun können, ein klassischer Elternabend soll es aber nicht sein.

Was ist hier passiert?

Seit der Einführung der Portfolios haben die pädagogischen Fachkräfte einige Erfahrungen damit gesammelt, aber bisher vermieden, die Eltern näher darüber zu informieren, weil sie zunächst im Team »für sich« ausprobieren wollten, wie die Einführung der Portfolios gelingt. Sie wollten zuerst unterschiedliche Erfahrungen sammeln, um besser einschätzen zu können, wie umfangreich und zeitintensiv diese neue Aufgabe ist, bevor sie den Eltern kompetent gegenübertreten und Fragen beantworten können.
Aber die Einführung kann nicht » für sich« bleiben, die Kinder erzählen zu Hause von ihren Ordnern, so dass immer mehr Eltern danach fragen. Die pädagogischen Fachkräfte spüren, dass sie das Interesse der Eltern und ihre Fragen aufgreifen sollten, da einige Nachfragen bereits eine leichte Enttäuschung bei den Eltern erkennen lassen, nicht rechtzeitig einbezogen gewesen zu sein.

Wie könnte es besser laufen?

Die Kinder genießen es, dass ihre Lerngeschichten aufgeschrieben werden und Fotos von verschiedenen Situationen gemacht und eingeklebt werden. Solche positiven Erfahrungen der Kinder hätten sich sehr gut dazu geeignet, mit den Eltern ins Gespräch zu kommen. Auch jetzt ist es in unserem Praxisbeispiel noch nicht zu spät, die Eltern von der Einführung der Portfolios zu informieren. Besser wäre es allerdings gewesen, wenn dies zu einem wesentlich früheren Zeitpunkt geschehen wäre.

Eltern über Veränderungen zeitnah informieren

An dem Prozess, der mit den Kindern durch die Einführung der Portfolios begonnen wurde, sind die Eltern selbst dann von Anfang an beteiligt, wenn sie nicht offiziell durch die Mitarbeiterinnen informiert werden. Die Kinder berichten zu Hause von den Portfolios und die Eltern sehen die neuen Ordner im Regal in der Kita stehen, wenn sie die Kinder abholen.

Die Eltern können gleich von Anfang an über eine solche Veränderung informiert werden, auch dann, wenn noch nicht alles bis ins Detail geklärt und in »trockenen Tüchern« ist. Veränderungen sind oft mit anfänglichen Verunsicherungen verbunden, das darf aber durchaus spürbar sein. Wenn Eltern frühzeitig informiert werden, verstehen sie den Grund der Veränderung besser, sind über das Ziel informiert und können die Umsetzung mit unterstützen. Durch die frühzeitige Einbeziehung vermitteln die pädagogischen Fachkräfte den Eltern ihr ernsthaftes Anliegen, die Eltern an allem zu beteiligen, was in der Kita mit den Kindern geschieht. Auf dieser Grundlage lässt sich eine Erziehungspartnerschaft zwischen den Eltern und den Mitarbeiterinnen aufbauen, in der sich beide Parteien als gleichberechtigte und gleichwertige Partner in der Erziehung der Kinder erleben.

Die Eltern sollten in die pädagogische Arbeit mit ihrem Kind einbezogen sein und gleichzeitig über das Verhalten ihres Kindes in der Kita und seine Interessen und Lernthemen, die dort eine große Rolle spielen, informiert werden. Im Austausch mit den pädagogischen Mitarbeiterinnen werden die Themen, die das Kind zu Hause beschäftigen, ergänzt. Das Kind kann auf diese Weise seine Interessen in der Kita und zu Hause vertiefen und positive Lernerfahrungen machen. In einer lebendigen Erziehungspartnerschaft zwischen Eltern und Erzieherinnen können nur dann Erziehungs- oder Entwicklungsfragen über die Kinder offen ausgetauscht werden, wenn alle spüren, dass es nicht darum geht, eine »perfekte« Mutter, ein »perfekter« Vater oder eine »perfekte« Erzieherin zu sein, sondern auch Unsicherheiten erlaubt und mitteilbar sind.

Eltern in ihren erzieherischen Kompetenzen stärken

»Eltern sind alle unterschiedlich, und das heißt für uns, dass wir ständig auf der Suche sind, Mittel und Wege zu finden, um Eltern mit einzubeziehen. Jedes Kind hat das Recht, dass sich seine Eltern an seiner Erziehung beteiligen, und die Erzieher haben die Pflicht, die Möglichkeiten zu suchen und die Wege zu finden, damit sich Eltern beteiligen können.« Dieses Zitat von Margy Whalley (zitiert nach Hebenstreit-Müller 2005, S. 21) verdeutlicht ein wichtiges Anliegen der Erziehungspartnerschaft. Es geht darum, alle Möglichkeiten mit den Eltern zu suchen und zu nutzen und das Kind bestmöglich in seiner Entwicklung zu unterstützen und zu fördern. Dies gelingt dann besonders gut, wenn die Eltern frühzeitig einen Einblick in die Entwicklung und das Lernverhalten ihrer Kinder bekommen. Eine transparente Art, das zu tun, ist z. B. das Dokumentieren im Portfolio (*siehe Seite 33*).

Anhand von Lerngeschichten des Kindes bieten sich gute Möglichkeiten, um miteinander ins Gespräch zu kommen. Die Eltern können ihr eigenes Wissen über ihr Kind und eigene Erfahrungen einbringen. Sie erkennen Fähigkeiten und Stärken ihrer Kinder, sie können sich mit den Erzieherinnen über die Interessen der Kinder austauschen und fördern damit die gesamte Entwicklung ihres Kindes. Die Eltern erfahren über diesen Austausch außerdem etwas über ihre eigenen Erziehungskompetenzen, sie erhalten Anregungen für ihr Erziehungsverhalten und Unterstützung, wenn Unsicherheiten und Fragen auftreten.

Für die Kinder sind unterstützende und kompetente Eltern die wichtigste Basis für ihre weitere Entwicklung. Deshalb ist es für die Tageseinrichtungen eine der spannenden und großen Aufgaben, Erfahrungen über die Entwicklung der Kinder mit deren Eltern frühzeitig zu teilen. Neurowissenschaftliche Untersuchungen, Erkenntnisse der Entwicklungspsychologie und der Resilienz-Forschung zeigen, wie wichtig und effektiv eine möglichst frühe Unterstützung und Stärkung von Kindern und Eltern ist, damit sie einen positiven Start ins Familienleben erleben können, um Kompetenzen zu entwickeln und auch Krisen zu bewältigen.

Für die unterschiedlichen Familien in den Tageseinrichtungen müssen entsprechend unterschiedliche Angebote stattfinden, so dass sich möglichst alle Mütter und Väter angesprochen fühlen. Eltern sollen verschiedene Möglichkeiten erhalten, mitbestimmen und mitgestalten zu können, sie sollen unterschiedliche Formen der Beteiligung im Kindergartenalltag nutzen können (*siehe auch Kapitel 6*).

Die Entwicklung der Kinder sichtbar machen

Eine sehr persönliche und intensive Form, sich gemeinsam mit den Eltern über die Entwicklung des Kindes auszutauschen, bietet das regelmäßig stattfindende Entwicklungsgespräch. Eltern und pädagogische Mitarbeiterinnen nehmen sich Zeit, um über die Entwicklung ihres Kindes und seine aktuellen Interessen, Vorlieben, Spielpartner und Themen zu sprechen. Das Entwicklungsgespräch kann auch genutzt werden, um Erziehungsziele gemeinsam zu besprechen und abzustimmen, das eigene Erzieherverhalten zu reflektieren und nicht zuletzt die Erziehungskompetenz der Eltern zu stärken.

Neben den regelmäßigen Entwicklungsgesprächen, die mindestens zweimal jährlich oder, wenn möglich, auch öfter stattfinden, gibt es weitere Gelegenheiten, die Entwicklung und das Lernen der Kinder sichtbar zu machen. Dies kann gelingen

- über das Führen von Portfolios und anderen Bildungsdokumentationen in der Einrichtung und zu Hause,
- über themenspezifische Gesprächskreise,
- über ein Fototagebuch, das über längere Zeit in der Einrichtung oder zu Hause geführt wird,
- über Filmaufnahmen zu Hause und im Kindergarten,
- über das Geburtstagsgespräch kurz vor oder nach dem Geburtstag des Kindes,
- über ein Gespräch nach der Hospitation der Eltern im Kindergarten,
- über gemeinsame Aktivitäten, wie einen Ausflug auf einen Bauernhof oder Flugplatz und andere Exkursionen,
- über Gesprächskreise mit den Eltern.

Mit dem Portfolio Entwicklungsprozesse nachvollziehen

Das Portfolio ist neben dem Eingewöhnungsprozess eine sehr praktische und anschauliche Methode, sich mit den Eltern über die Kinder und im Speziellen über ihre Entwicklung, ihre Interessen, Begabungen und ihre Bildungsthemen auszutauschen. Anhand von Fotos, Berichten und Lerngeschichten erhalten die Eltern einen Einblick in die Erfahrungen, Fähigkeiten und Entwicklungsschritte ihres Kindes. Sie erfahren etwas über die Art, wie ihre Kinder beobachtet werden, und darüber, welche Bedeutung die Beobachtungen und Dokumentationen für die pädagogischen Fachkräfte in ihrer Arbeit spielen, um z. B. eine Orientierung für die Förderung der Kinder zu erhalten. Die Art der Beobachtung und Dokumentation geschieht auf der Grundlage der Wertschätzung der Individualität und des Entwicklungstempos jedes einzelnen Kindes und macht deutlich, welch hohen Stellenwert die Entwicklung und Förderung jedes einzelnen Kindes hat.

Die Eltern erhalten außerdem über das Portfolio, die vorangegangenen Beobachtungen und den Austausch mit den Erzieherinnen die Gelegenheit, ihr Kind in anderen Zusammenhängen als bisher zu sehen, was für viele Eltern eine Erweiterung ihrer bisherigen Erfahrungen bedeutet und Entwicklungsmöglichkeiten für Eltern und Kinder beinhalten kann. Für die Erwachsenen und für die Kinder wird durch das Portfolio das Lernen sichtbar und nachvollziehbar. Auch später noch, nachdem ein Projekt längst beendet ist, kann das Kind anhand der Lerngeschichte oder eines Fotos wichtige Erfahrungen reflektieren. Die verschiedenen Möglichkeiten der Dokumentation regen das Kind an, von seinen Erfahrungen zu erzählen und sie so in Worte zu fassen. Über diese Methode kann daher auch die Sprachentwicklung eines Kindes positiv angeregt werden. Seine Erlebnisse sind nicht verloren, sondern können nachhaltig in weitere Entwicklungsschritte eingehen. Für die Kinder ist das Nachvollziehen von Erfahrenem auch ein Nacherleben aus einer anderen Perspektive. Sie können ihre eigene Entwicklung nach einer gewissen Zeit von einem anderen Standort aus betrachten.

Für die Erwachsenen, für die Eltern ebenso wie für die Fachkräfte, werden Entwicklungsprozesse nachvollziehbarer und verständlicher, die Lerninteressen oder Fähigkeiten der Kinder werden transparenter. Hier dient das Portfolio oder Bildungsbuch als Medium, sich regelmäßig über den Bildungsweg der Kinder auszutauschen. Die beiden »Welten« der Kinder in der Kita und zu Hause werden dadurch transparenter, besonders dann, wenn auch die Familie im Portfolio eine Rolle spielt und z. B. Erlebnisse vom Wochenende oder in den Ferien eingetragen werden. Die Kinder entscheiden in vielen Fällen selbst, was sie im Portfolio festgehalten haben möchten und was nicht, so dass auch dadurch die besonderen Interessen und aktuellen Themen noch einmal für die Eltern klar nachvollziehbar werden.

Passende Angebote planen

Für die Vermittlung von Inhalten, für den Austausch über Erziehungsfragen oder für die Information zu bestimmten Themen, wie etwa die Portfolio-Arbeit in unserem Praxisbeispiel, ist es wichtig, den passenden organisatorischen Rahmen, das richtige »Setting« und die passende Gruppe zu finden. Manche Angebote sind eher dazu geeignet, sich über pädagogische Themen auszutauschen, andere bieten sich mehr für die Besprechung organisatorischer Dinge an. Verschiedene Formen sollten ausprobiert werden, denn nicht alle Eltern sind zum Beispiel zeitlich in der Lage, zum Elternabend zu kommen, wären aber sehr an einem Gesprächskreis interessiert (*siehe Abbildung 4*). Eine Checkliste (*siehe Kasten*) hilft dabei, alle wichtigen Fragen bei der Planung einer Veranstaltung für Eltern vorab im Team zu klären.

Abbildung 4: Mögliche Formen einer Veranstaltung für Eltern

Art der Veranstaltung	**Tageszeit/Dauer**	**Häufigkeit**	**Methoden**	**Personenkreis**
Elternabend	abends, 1–2 Stunden	1- bis 2-mal pro Jahr	Vortrag, Diskussion, Kleingruppen	Eltern, päd. Fachkräfte, weitere Interessierte
Gesprächskreis	tagsüber/abends 1–2 Stunden	je nach Wunsch der Gesprächsteilnehmer	Austausch, thematischer Input	interessierte Eltern und päd. Fachkräfte zu einem bestimmten Thema
Offener Elterntreff	tagsüber/abends, Dauer: offen	spontan je nach Thema, aber auch regelmäßig einmal pro Monat möglich	Information, Austausch	Eltern, offene Gruppe
Müttertreff	tagsüber/abends, 1–2 Stunden	regelmäßig oder spontan	Information, Austausch, gemeinsame Aktionen	Mütter
Vätertreff	abends oder Wochenende, 1–2 Stunden, auch offen	regelmäßig oder spontan	Information, Austausch, gemeinsame Aktionen	Väter
Frühstückstreff	morgens, offen oder mit festem Beginn und Ende (z. B. 7:30–9:30 Uhr	regelmäßig	Information, Austausch, praktische Angebote	offene Gruppe, Eltern, päd. Fachkräfte
Familiengruppe	am Wochenende, offen	in größeren Abständen	praktische Angebote, gemeinsame Erlebnisse, Austausch, Gespräche	offene Gruppe, Familien, Väter und Mütter, Großeltern, weitere Familienangehörige
Themenspezifischer Workshop	nachmittags, abends oder auch am Wochenende, 4–5 Stunden	mehrmals pro Jahr	praktische Angebote, Übungen, kreative Angebote, Austausch	offene Gruppe, am Thema interessierte Personen

Checkliste: Planung einer Veranstaltung für Eltern

1. Themenfindung
- Wie heißt das Thema?

2. Ziel/e
- Was wollen wir mit der Veranstaltung erreichen?
- Entsprechen die Ziele dem Verständnis von Erziehungspartnerschaft?

3. Art des Angebotes/der Veranstaltung
- Welche Form ist sinnvoll?
- Kann eine möglichst hohe Transparenz durch diese Veranstaltung erreicht werden?
- Als Erziehungspartner brauchen wir Zeit für den Austausch. Ist genügend Zeit dafür vorgesehen?

4. Inhalt
- Welche Inhalte sollen besprochen, vermittelt oder angeboten werden?

Ergänzende Anregungen:
- Wie vermitteln wir, dass uns diese gemeinsame Aufgabe ein echtes Anliegen ist?
- Lassen wir die Eltern zu Wort kommen?
- Haben die Eltern die Gelegenheit, von sich und ihrem Kind zu erzählen?

5. Anlass
- Welche Motivation gibt oder gab es zu diesem Thema?
- Wird der Anlass für die Veranstaltung den Eltern verständlich vermittelt?
- Wie können die Eltern für das Thema motiviert werden?
- Wie kann der Funke auf die Eltern überspringen?

6. Zielgruppe
- Wen wollen wir erreichen?
- Orientieren sich die Inhalte und die Methoden an der Zielgruppe?
- Sind unterstützende Maßnahmen sinnvoll (z.B. Anschauungsmaterial statt nur Vortrag oder Gespräch)?
- Haben alle Teilnehmer die Möglichkeit, sich einzubringen?

7. Bedarf abklären
- Was brauchen die Eltern, damit das Angebot interessant ist?
- Welche Themen treffen das Interesse der Eltern?
- An welchen Erfahrungen der Eltern kann man ansetzen, damit sie einen guten Einblick ins Thema zu bekommen?

- Wie können die Eltern spüren, dass mit und nicht für sie geplant wurde?
- Fühlen sich die Eltern durch die Veranstaltung angesprochen, sich zu beteiligen?

8. Weitere Beteiligte oder Fachkräfte (Einbeziehung von Fachwissen)
- Wer kann beteiligt werden? Wer hat Kompetenzen und Interessen?
- Wer soll das Thema einführen, moderieren oder Informationen geben?
- Gibt es Kolleginnen, die eingeladen werden können, um über ihre Erfahrungen zu berichten?
- Kann eine Mutter oder ein Vater über Erfahrungen berichten?
- Kann eine Expertin zum Thema angefragt werden?

9. Durchführung:
- Wer ist für die Durchführung verantwortlich?
- Wer hat die Hauptverantwortung für die Veranstaltung?
- Bei wem laufen die Fäden zusammen?
- Gibt es ein Organisationsteam?
- Werden Mütter oder Väter bewusst mit einbezogen und zur Mitarbeit motiviert?
- Bis wann sind alle Zuständigkeiten und Abläufe geklärt?

10. Information
- Wie erfolgt die Information und Werbung?
- Wie wird die Einladung gestaltet?
- Wer ist verantwortlich dafür?
- Wurde in der Werbung für die Veranstaltung daran gedacht, unterschiedliche Methoden zu nutzen (Flyer, Info über die Kinder, E-Mail, direkte Ansprache)?
- Ist die Einladung ansprechend und verständlich gestaltet?
- Werden Väter und Mütter eingeladen?

11. Reflexion (nach der Veranstaltung)

Fragen im Team:
- Wie ist die Veranstaltung verlaufen?
- Was kann so bleiben beim nächsten Mal?
- Was müssten wir ändern?

Fragen an die Eltern:
- Wie zufrieden waren Sie mit der Veranstaltung?
- Wurden Ihre Erwartungen erfüllt?
- Was hätten Sie sich noch zusätzlich gewünscht?
- Haben Sie Anregungen für weitere Planungen?

3.

»Zu Hause machen wir das aber anders!«

Als Erziehungspartner voneinander lernen

Frau Kurz, die Mutter des 4-jährigen Jonas, hört in letzter Zeit immer wieder von ihrem Sohn, dass im Kindergarten alles ganz anders ist als daheim. Er will sich jetzt auch zu Hause selbst sein Essen auf den Teller geben und den Computer alleine bedienen. Außerdem könne er schon längst ohne Hilfe Holz sägen. Frau Kurz ist sich nicht ganz sicher, ob es sich dabei um Wünsche von ihm handelt, die er mit ihr verhandeln möchte, oder ob das tatsächlich im Kindergarten anders gehandhabt wird als zu Hause. Sie ist mit manchem nicht einverstanden, falls es tatsächlich so ist, wie er berichtet, und will sich nun näher informieren, was an seinen Äußerungen dran ist.

Was ist hier passiert?

Frau Kurz bekommt über ihren Sohn einige Eindrücke vom pädagogischen Handeln im Kindergarten, offenbar ohne deren konzeptionelle Hintergründe zu kennen. Für die Mutter scheint es so, als ob die Kinder kaum Grenzen aufgezeigt bekommen und als ob man ihnen wesentlich mehr zutraut, als sie tatsächlich bereits bewältigen können.

Der fehlende Einblick in die Konzeption des Kindergartens, im Speziellen in die pädagogischen Ziele und die Haltung den Kindern gegenüber, haben dazu geführt, dass Frau Kurz das pädagogische Handeln im Kindergarten in Frage stellt. Sie hat ihre eigenen Vorstellungen und Wünsche in Bezug auf die Erziehung ihres Kindes und wird durch die Fachkräfte in der Kita zum Teil mit anderen pädagogischen Verhaltensweisen konfrontiert. Da es bisher keinen Austausch über diese Unterschiede gab, ist die Mutter verunsichert und unzufrieden.

Wie könnte es besser laufen?

Damit pädagogische Grundhaltungen und Erziehungsziele von den Eltern verstanden und mitgetragen werden können, müssen alle Abläufe des Kindergartens sowie die konzeptionellen Grundlagen transparent gemacht werden. Eltern können dadurch z.B. den Umgang und das Verhalten den Kindern gegenüber besser einordnen und verstehen, warum sich die pädagogischen Mitarbeiterinnen anscheinend erst sehr spät in Konflikte der Kinder einschalten oder warum sie den Kindern sehr viel Zeit und Raum geben, um selbstständig Materialien zu erforschen und zu bearbeiten.

Erwartungen der Eltern abklären

Beim näheren Kennenlernen der Familien wird deutlich, dass unterschiedliche Erwartungen in Bezug auf die Betreuung und die Erziehung der Kinder vorhanden sind. Manchmal dauert es einige Zeit, bis die Eltern ihre eigenen Erwartungen aussprechen, da sie sich erst sicherer fühlen müssen, um einschätzen zu können, zu welcher Gelegenheit und in welcher Art solche Themen angesprochen werden können. Besonders wenn abweichende Erwartungshaltungen vorhanden sind, ist es für die Eltern wichtig zu spüren, dass alle Fragen willkommen sind. Eine solche Kultur des Nachfragens, Austauschens und Rückmeldens kann von Anfang an mit den Eltern gelebt und angeregt werden. Es ist z.B. hilfreich, wenn im Fragebogen zur Aufnahme des Kindes (*siehe Kapitel 1*) bereits nach den Erwartungen der Eltern in Bezug auf Erziehung, Betreuung und Bildung ihres Kindes gefragt wird.

Was wünschen sich Mütter und Väter in Bezug auf die Unterstützung ihrer Erziehung durch den Kindergarten? Dazu beispielhaft einige Aussagen:

- Ich möchte, dass der Kindergarten meinen Erziehungsstil weiterführt.
- Meine Tochter soll im Kindergarten lernen, auf andere zu hören.
- Ich wünsche mir, dass sich mein Kind wohlfühlt und viel Spaß hat.
- Mein Sohn ist sehr zurückhaltend, er soll hier Freundschaften schließen und mutiger werden.

- Unsere Tochter ist ein Einzelkind. Wir wünschen uns, dass sie mit anderen Kindern zusammenkommt und soziale Kompetenzen erwirbt.
- Mein Sohn ist sehr sprunghaft und spontan, die Erzieherinnen sollen ihm beibringen, dass er bei einer Sache bleibt und sich konzentrieren kann.
- Ich habe zu Hause kaum Zeit, mich mit meinen Kindern zu beschäftigen, und hoffe, sie bekommen im Kindergarten viele Anregungen und erleben schöne Dinge.
- Der Kindergarten soll mein Kind auf die Schule vorbereiten.
- Ich hoffe, dass der Kindergarten mich darin unterstützt, dass mein Kind bestimmte Regeln und Verhaltensweisen lernt.

Es können zwar nicht alle Erwartungen von allen Eltern erfüllt werden, aber es ist sehr hilfreich, die Erwartungen der einzelnen Familien zu kennen. Nur so kann vermieden werden, dass die pädagogischen Fachkräfte an den Familien »vorbeileben«. Einige Erwartungen sollten aufgegriffen werden und bieten z.B. interessante Gesprächsthemen für einen Elterntreff oder können beim Entwicklungsgespräch mit den Eltern thematisiert werden.

Erwartungen der pädagogischen Fachkräfte abklären

Auch von Seiten der Erzieherinnen bestehen Erwartungen den Eltern gegenüber, die auf die Beziehung zueinander Einfluss haben und im Team reflektiert werden sollten. Beispielhaft einige Aussagen:

- Wir wünschen uns, dass die Eltern Interesse am Kita-Alltag zeigen.
- Es wäre schön, wenn wir mit den Eltern unsere Erfahrungen mit den Kindern teilen könnten.
- Es wäre wichtig, dass sich die Familien zu Hause Zeit für die Kinder nehmen.
- Wir wünschen uns mehr pädagogischen Austausch mit den Eltern über die Kinder.
- Für uns wäre es wichtig, mit den Eltern in den wichtigsten Fragen der Erziehung der Kinder an einem Strang zu ziehen.

Der rechtzeitige und regelmäßige Austausch von gegenseitigen Erwartungen und Einstellungen in Fragen der Erziehung, Bildung und Betreuung der Kinder unterstützt den Aufbau der Erziehungspartnerschaft. Kindergarten und Familie können sich gegenseitig ergänzen, sie können eigene Ziele und gemeinsame Ziele definieren, ohne in Konkurrenz zu kommen.

Den ersten Schritt machen

Es ist die Aufgabe der Fachkräfte, im Umgang mit den Eltern von Anfang an eine entgegenkommende Haltung einzunehmen. Sie machen durch ihr Verhalten den ersten Schritt auf die Eltern zu und sie sind in ihrer professionellen Rolle diejenigen, die diesen Umgang miteinander als Grundlage für die weitere Zusammenarbeit vorgeben und vorleben. Den Eltern gelingt es nach einem Vorschuss an Entgegenkommen sehr viel leichter, sich auch auf diese Ebene des Austauschs und des Vertrauens einzulassen.

Je mehr Vertrauen und Akzeptanz den Eltern von den Fachkräften entgegengebracht wird, umso mehr können sie sich auch selbst in diese Art der vertrauensvollen Erziehungspartnerschaft einbringen. Dabei hilft es, davon auszugehen, dass sich Eltern grundsätzlich für die Entwicklung ihrer Kinder interessieren, und die Eltern als kompetent in der Erziehung ihrer Kinder anzuerkennen und ihnen zuzutrauen, dass sie vielfältige Strategien entwickeln, um ihre erzieherischen Aufgaben zu bewältigen.

Einblicke in den Kita-Alltag gewähren

Eltern können einen umfangreichen Einblick in die pädagogische Arbeit und die Zusammenhänge erhalten, wenn sie

- Gelegenheit zur Teilhabe am Kindergartenalltag bekommen,
- die pädagogische Konzeption kennen lernen,
- das pädagogische Verhalten der Erzieherinnen verstehen und
- die Begriffe, die von den Erzieherinnen benutzt werden, kennen.

Eine Gelegenheit zur Teilhabe am Kita-Alltag könnte das Angebot der Hospitation für die Mütter und Väter mit anschließender Reflexion sein (*siehe*

Seite 44). Meist ergeben sich daraus weitere Fragen zum Tagesablauf, den Beobachtungsmethoden, dem Verhalten der Erzieherinnen und weitere konzeptionelle Grundlagen. Für die Eltern ist es wichtig zu erfahren, dass die Fachkräfte bestimmte Ziele im Kindergartenalltag verfolgen, dass in der Art, wie die Kinder beobachtet werden, eine pädagogische Haltung erkennbar ist und dass z.B. deutlich wird, dass hinter der Anforderung an die Kinder, möglichst viele Dinge eigenständig zu erforschen und zu bewältigen, die Förderung der Selbstständigkeit steht oder der Aspekt der Partizipation von Kindern im Kita-Alltag.

Die respektvolle Zusammenarbeit zwischen Eltern und pädagogischen Fachkräften hängt wesentlich davon ab, wie verständlich Informationen aufbereitet werden. Beim Formulieren von Informationsbroschüren, Faltblättern u.Ä. sollte deshalb darauf geachtet werden, eine verständliche Sprache zu benutzen, mit Fotos zu arbeiten oder andere anschauliche Möglichkeiten der Informationsweitergabe zu nutzen. Erst wenn Eltern vielerlei Einblicke bekommen, können sie die Zusammenhänge verstehen, in einen Austausch mit den Erzieherinnen kommen und vielleicht auch die eine oder andere Anregung für den eigenen Erziehungsalltag übernehmen.

Einblicke in den Familienalltag suchen

Für die pädagogischen Fachkräfte sind Einblicke in den Familienalltag genauso hilfreich wie umgekehrt. Der Alltag in der Familie ist geprägt vom Miteinanderleben, dem Bewältigen von vielfältigen Herausforderungen und nicht selten von einer gut funktionierenden Logistik, damit sämtliche Abläufe rechtzeitig und sinnvoll funktionieren. Für Erzieherinnen ist es hilfreich zu wissen, in welchem familiären Kontext die einzelnen Kinder leben, um die unterschiedlichen Familienentwürfe berücksichtigen zu können.

Auch für eine passgenaue Planung von Elternangeboten müssen die Lebenssituationen der Familien berücksichtigt werden. Nachmittagstreffpunkte für Mütter sind z.B. nicht sinnvoll, wenn 80 % der Mütter berufstätig sind. Kurzfristige Großelternnachmittage haben nur dann Erfolg, wenn die meisten Großeltern in der näheren Umgebung wohnen. Oder sie müssen langfristig geplant werden, damit auch die weit entfernten Großeltern teilnehmen können.

Hospitationen fördern das gegenseitige Verständnis

Für viele Mütter oder Väter ergeben sich neben der täglichen Bring- und Abholsituation kaum Möglichkeiten, ihre Kinder in der Kita mit anderen Kindern zu erleben oder einen Einblick in einen ganz normalen Kita-Alltag zu erhalten. Die Hospitation in der Kindergruppe bietet den Eltern eine gute Gelegenheit, sich zu informieren und sich ein Bild vom pädagogischen Umgang mit den Kindern machen zu können. Mit dem Angebot von Hospitationen können außerdem folgende Ziele angestrebt werden:

- Die Eltern können ihr Kind in einer anderen Situation und in einer anderen Rolle erleben.
- Der Kindergartenalltag wird transparenter, die Eltern können Rückmeldungen und Erzählungen ihrer Kinder besser einordnen und sich mit ihnen über Spiele, Spielorte und Spielpartner austauschen.
- Das pädagogische Konzept wird erlebbar gemacht.
- Das Verständnis für die Arbeit von Erzieherinnen kann geweckt werden.
- Fragen von Eltern bezüglich der Pädagogik und Fragen zum pädagogischen Verhalten der Erzieherinnen können geklärt werden.
- Die Reflexionsgespräche können gut genutzt werden, um unterschiedliche Auffassungen zu besprechen und diese an einem Beispiel während der Hospitation anschaulich zu machen.
- Die Hospitation kann als Einstieg in die gemeinsame Beobachtung des Kindes genutzt werden.
- Das Verhalten der Erzieherinnen kann als Modell dienen. Eltern erhalten dadurch Anregungen für ihr eigenes erzieherisches Verhalten.
- Ängste und Unsicherheiten von Eltern können abgebaut werden.
- Die Erfahrungen während der Hospitation können für den gemeinsamen Austausch oder für Entwicklungsgespräche genutzt werden.
- Die Hospitation kann als Grundlage für thematische Elterntreffs genutzt werden.

- Der Kontakt zu den Eltern kann durch die Hospitation verbessert werden.
- Die Eltern werden aktiv in die Arbeit mit einbezogen.
- Es kann eine direkte und offene Gesprächskultur zwischen den pädagogischen Fachkräften und den Eltern entstehen.
- Die Eltern können für besondere Aktionen in den Kindergartenalltag mit eingebunden werden.

Viele Eltern haben ein Interesse daran, an einem ganz normalen Kindergartenalltag teilzunehmen und ihre Kinder in anderen Zusammenhängen zu erleben, und nutzen deshalb gerne das Angebot einer Hospitation. Manche Eltern sind aber eher zurückhaltend und brauchen einen anderen Zugang. Für sie kann es hilfreich sein, Hospitationen bei einem konkreten Anlass anzubieten. Eine niederschwellige Möglichkeit wäre die Einladung an Eltern, sich z.B. an einer regelmäßig stattfindenden Aktion wie dem Waldtag oder an einem besonderen Ausflug zu beteiligen. Hier können die Eltern als Begleitpersonen teilnehmen und somit gleichzeitig einen Einblick in den Kindergartenalltag erhalten.

Vor einer solchen Aktion sollten einige Absprachen getroffen werden, um die Begleitung und Hospitation der Eltern zu organisieren:

- Die Eltern tragen sich bei Interesse in eine Liste ein, bei welcher Aktion sie gerne teilnehmen würden, so dass z.B. nur eine oder zwei Mütter oder Väter an einer Aktion gleichzeitig teilnehmen.
- Die Eltern werden über den geplanten Ablauf des Ausfluges informiert, sie werden dazu angeregt, die Kinder zu beobachten und diese Beobachtungen und Fragen nach der Veranstaltung in einem Gespräch auszutauschen. Das Gespräch sollte möglichst zeitnah erfolgen.

Auch bei Hospitationen in der Kita während eines Vormittags oder Nachmittags ist es notwendig, im Vorfeld Absprachen mit den Eltern zu treffen. Es ist meist sinnvoll, ihnen einige wegweisende Fragestellungen mitzugeben, damit sie von der Hospitation möglichst gut profitieren können. Ist die Hospitation von einem spezifischen Interesse, wie z.B. dem Kontaktverhalten des

Kindes, geleitet, sollten sich die Fragen an diesem Aspekt orientieren. Es kann aber auch sein, dass die Hospitation eher einen ganz allgemeinen Einblick in die Kita ermöglichen soll, dann könnten Fragen zu unterschiedlichen Beobachtungsfeldern gemischt werden. In jedem Fall sollte nur eine begrenzte Zahl von drei oder vier Fragestellungen angeboten werden. Die Fragen sollen den Eltern helfen, den Blick auf bestimmte Aspekte zu richten, sie sollen sie jedoch nicht einengen oder überfordern (*siehe Kasten*).

Mögliche Fragen für die Eltern zur Vorbereitung auf die Hospitation

a) Kontaktverhalten/Sozialverhalten

1. Welche Verhaltensweisen setzt Ihr Kind ein, um mit anderen Kindern in Kontakt zu kommen (sprachlich, durch Handeln, aus eigener Initiative)? Ist es dabei erfolgreich?
2. In welchen Situationen sucht Ihr Kind Unterstützung bei der Erzieherin (im Spiel, bei Streit, beim Anziehen, beim Besuch der Toilette)?
3. Bevorzugt Ihr Kind bestimmte andere Kinder als Spielpartner (Einzelkontakte, Kleingruppen, Gleichaltrige, jüngere oder ältere Kinder)? Wer bestimmt das Spiel, welche Rolle nimmt Ihr Kind ein?

b) Spielformen/Lerninteressen

1. Welche Spielformen bevorzugt Ihr Kind während des beobachteten Zeitraums (Konstruktionsspiele, Bewegungsspiele, Musik, Spiel im Außenspielgelände, Rollenspiele, das Spiel mit Fahrzeugen, Malen, Werken, Wasserspiele etc.)?
2. Welches besondere Interesse können Sie bei Ihrem Kind beobachten (ein bestimmtes Thema, Material, Vorliebe für einen Spielbereich)?
3. Kann Ihr Kind seine Stärken und Fähigkeiten im Spiel einbringen (Geschicklichkeit, Bewegungsfreude, Spaß am Malen ...)?

c) Angebote/geplante Aktivitäten

1. Fühlt Ihr Kind sich vom heutigen Angebot angesprochen?
2. Was hilft Ihrem Kind, Motivation für die Teilnahme am Angebot zu entwickeln?
3. Woran können Sie das erkennen?

Bei der Hospitation in der Kita-Gruppe sollte jeweils nur ein Elternteil in der Gruppe anwesend sein, um den Ablauf des Vormittags für die Kinder so normal wie möglich zu halten. Es empfiehlt sich, dass die Eltern nicht in das

Spielgeschehen der Kinder eingreifen, sondern vorwiegend eine Beobachterrolle übernehmen. Sie haben damit eine bessere Möglichkeit, den Tagesablauf mitzuverfolgen, das Spiel und die Beschäftigungen der Kinder zu beobachten und auch die Interventionen der Erzieherinnen zu erkennen.

Ein besonders gestalteter oder farblich gekennzeichneter »Hospitationsstuhl« für die Eltern macht es den Kindern leicht, sich auf den Hospitationsgast einzustellen. Die Kinder sind mit der Möglichkeit des Hospitierens von Eltern in der Gruppe vertraut und wissen um die beobachtende Rolle des Gastes. Auch für die Eltern ist durch eine solche Regelung ein leichterer Zugang zur Teilnahme am Kindergartenalltag möglich.

Im anschließenden Reflexionsgespräch haben die Eltern die Möglichkeit, sich mit der Erzieherin über die gesammelten Eindrücke auszutauschen. Einige Initiativfragen können ein solches Gespräch gut in Gang bringen:

- Haben Sie den Eindruck, Ihr Kind hat sich heute in der Kita wohlgefühlt?
- Wie ging es Ihnen selbst in dieser Beobachtungsrolle?
- In welcher Situation hätten Sie anders als die Erzieherin gehandelt?
- Wo hätten Sie gerne eingegriffen?
- Welche Eindrücke waren überraschend für Sie?
- Was hat Sie besonders gefreut?
- Gibt es etwas, das Sie gestört hat?

Beobachten im Kindergarten und zu Hause

Wenn die Eltern Interesse zeigen, können sie die Beobachtungen, die im Kindergarten durch die ErzieherInnen gemacht werden, durch ihre eigenen Beobachtungen zu Hause sehr gut ergänzen. Wichtige Entwicklungsschritte des Kindes können durch den Austausch bemerkt und entsprechend gefördert werden. Der Austausch zwischen Kindergarten und Familie lässt sich in einem Kreislauf darstellen, der in den englischen Children Centres entwickelt wurde (*siehe Abbildung 5*). Dieser sogenannte Pen Green Loop, der als Lernschleife zu verstehen ist, beschreibt den dynamischen Prozess, mit dessen Hilfe sich die wichtigen Erwachsenen im Leben eines Kindes gegenseitig Feedback darüber geben können, was für das Kind von zentraler Bedeutung ist. Das Kind steht im Mittelpunkt, wobei all das, was im Kindergarten und zu Hause gelernt wird, eine Rolle spielt.

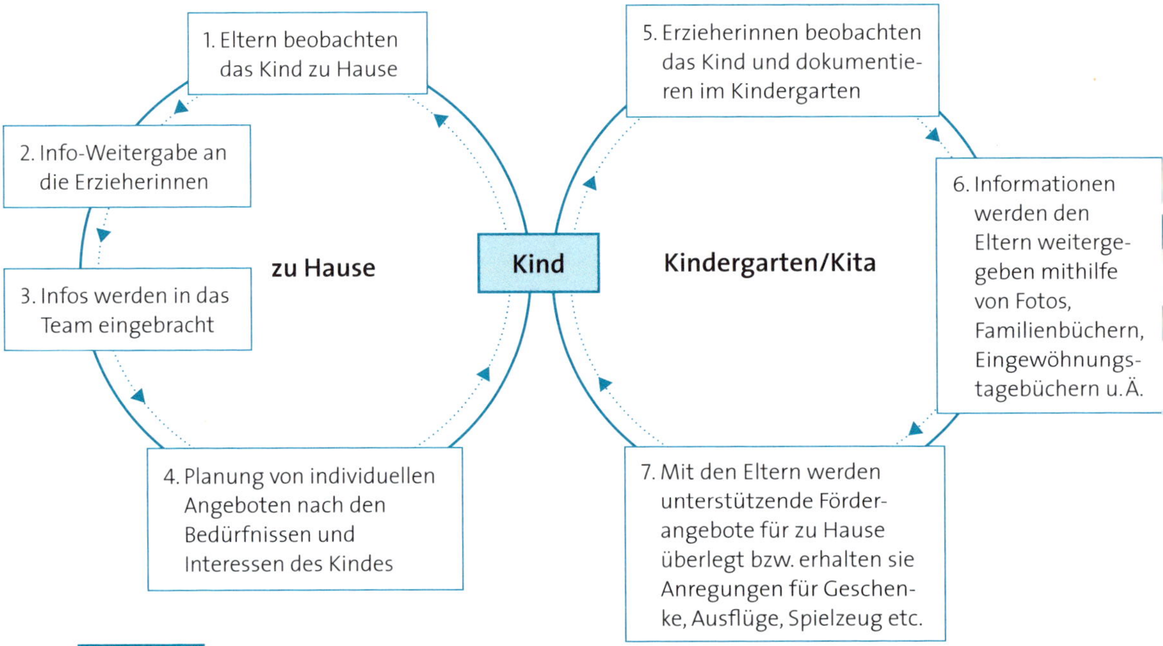

Abbildung 5: Austausch zwischen Kindergarten und Familie (nach Hebenstreit-Müller 2005, S.36)

Das Familienbuch

Ein Familienbuch kann Fotos von der Familie und der näheren häuslichen Umgebung enthalten. Mit der Zeit können Aktivitäten, die im Urlaub oder zu Hause für das Kind wichtig sind, ergänzt werden. Am Anfang kann ein Familienbuch zur Eingewöhnung des Kindes dienen. Es werden Fotos von Vater und Mutter, den Geschwistern, Opa, Oma, den Haustieren, dem Haus, der Wohnung und evtl. vom Kuscheltier mitgebracht und eingeklebt, so dass das Kind immer eine Möglichkeit hat, sich diese Fotos anzuschauen, um sich in der zunächst fremden Umgebung an die vertrauten Personen und Dinge zu erinnern. Später können Fotos von Erlebnissen mit kurzen, für das Kind wichtigen Erkenntnissen oder Gedanken des Kindes ergänzt werden. So füllt sich das Portfolio oder der Ordner des Kindes nicht nur mit Erlebnissen in der Kita oder im Kindergarten, sondern auch mit wichtigen Erfahrungen des Kindes zu Hause oder im Urlaub. Seine gesamte Erfahrungs- und Lebenswelt wird berücksichtigt und bildet dadurch eine Einheit, egal ob die Lernerfahrungen zu Hause oder im Kindergarten gemacht werden.

Viele Eltern sind bereit, wichtige Lernerfahrungen ihrer Kinder festzuhalten. Insbesondere die Väter lassen sich gerne bitten, die Kinder bei unterschiedlichen Gelegenheiten zu fotografieren und den Ordner des Kindes mit neuen Bildern zu ergänzen. Als Einstieg in das Beobachten und um Lernerfahrungen der Kinder erkennen zu können, kann den Eltern z.B. beim offenen Elterntreff, bei einem themenspezifischen Abend oder beim Frühstückstreff eine Einführung in die Beobachtungsmethoden gegeben werden.

Gespräche zu Hause in der Familie

Für manche Eltern ist ein Hausbesuch sehr willkommen, da sie sich in ihren eigenen vier Wänden am wohlsten fühlen. Sie können als Hausherren mehr Einfluss darauf nehmen, wer am Gespräch teilnimmt und wie lange es dauert, und sie haben den Vorteil, sich zu Hause als Gastgeber in einer anderen Rolle zu fühlen. Die Kinder genießen es in der Regel, wenn ihre Erzieherinnen nach Hause kommen und sie dort besuchen. Manche Familien empfinden einen Hausbesuch jedoch als Kontrollbesuch, und wieder andere haben einfach kein Interesse daran, sich zu Hause mit den Erzieherinnen zu treffen. Die Entscheidung, ob ein Gespräch zu Hause oder an einem anderen Ort stattfindet, sollte deshalb immer den Eltern überlassen werden.

In den letzten Jahren hat sich die Form des Gespräches zu Hause immer mehr eingebürgert, vor allem vor der Aufnahme von Säuglingen. In diesen Fällen ist es für Fachkräfte und Eltern oft recht angenehm, zu Hause in gewohnter Umgebung des Kindes gemeinsam ein Gespräch zu führen und sich die Essensgewohnheiten, das Wickeln oder weitere Pflegesituationen praktisch zeigen zu lassen und dem Kind in gewohnter Umgebung als fremde Person zu begegnen.

4.

»Warum war Kaito allein beim Sommerfest?«

Beteiligung der Eltern in multikulturellen Kitas

Das »Astrid Lindgren«-Kinderhaus wird von vielen Kindern mit unterschiedlicher nationaler Herkunft besucht. In der Teambesprechung nach dem Sommerfest reflektieren die pädagogischen Fachkräfte die Frage, warum schon wieder nur ganz wenige Eltern mit Migrationshintergrund am Fest teilgenommen haben. Die Mitarbeiterinnen bedauern das sehr – ebenso wie die Kinder. Frau Eggebrecht berichtet von Kaito, einem japanischen Kind in ihrer Gruppe, das ganz besonders enttäuscht gewesen sei, weil seine Eltern nicht beim Sommerfest waren. Kaito habe doch unbedingt mit seinem Papa am Lagerfeuer sitzen und die Lieder singen wollen, die er im Kinderhaus in den letzten Wochen gelernt hatte. Einige Mitarbeiterinnen ärgern sich auch deshalb, weil ihre intensiven Vorbereitungen für die Veranstaltung ihrer Meinung nach nicht ausreichend wertgeschätzt werden, wenn die Eltern fernbleiben. Es wurde bisher noch kein Versuch unternommen, mit den Eltern darüber ins Gespräch zu kommen, um die Hintergründe verstehen zu können.

Was ist hier passiert?

Bisher haben die pädagogischen Fachkräfte alle Familien mit denselben Einladungen eingeladen und keine Unterschiede für die Familien mit Migrationshintergrund gemacht. Einige Gründe dafür: Sie wollen alle Familien gleich behandeln und keine Nationalität bevorzugen. Sie gehen davon aus, dass sich die Familien mit den Einladungen zurechtfinden, so wie sie sich auch mit anderen Formularen oder Schreiben zurechtfinden müssen. Und außerdem sehen sie keine zeitlichen Ressourcen, für entsprechende Übersetzungen zu sorgen. Das Ausbleiben der Eltern mit Migrationshintergrund wurde vor allem beim Sommerfest sehr deutlich wahrgenommen. Erst danach begannen die pädagogischen Fachkräfte, Vermutungen anzustellen, ob die Eltern die Einladungen sprachlich nicht verstanden haben oder ob sie eventuell kein Interesse an Veranstaltungen haben.

Wie könnte es besser laufen?

Das Fernbleiben der Familien mit Migrationshintergrund im »Astrid Lindgren«-Kinderhaus kann unterschiedliche Gründe haben, wie z.B. negative Erfahrungen mit Institutionen und Behörden, fehlende Akzeptanz, Erfahrungen der Ausgrenzung oder sprachliche Verständigungsprobleme. Es ist wichtig, sich genügend Zeit zu nehmen, um die Gründe, die für die Eltern eine Rolle gespielt haben, zu verstehen. Für die Eltern ist es wichtig, zu erfahren, dass die Mitarbeiterinnen wirklich an ihnen interessiert sind. Die Beobachtung der Fachkräfte, dass sich mehrere Familien zurückziehen, sollte deshalb nicht ignoriert werden. Sie kann dazu beitragen, frühzeitig eine mögliche Ausgrenzung zu verhindern.

Eltern aus anderen Kulturkreisen gezielt ansprechen

Bei Veranstaltungen, an denen Väter und Mütter unterschiedlicher nationaler Herkunft teilnehmen, sollte vorher geklärt werden, ob diese Familien die schriftlichen Einladungen sprachlich verstehen können. Neben der schriftlichen Einladung hätten die Eltern auch persönlich beim Abholen der Kinder angesprochen und eingeladen werden können. Wenn z.B. mehrere türkische Mütter zum Abholen der Kinder kommen, können sie gemeinsam angesprochen werden. Eine der Frauen kann evtl. den anderen die Einladung und den Inhalt übersetzen. Bei dieser Gelegenheit könnten sie dazu animiert werden, sich zu verabreden und gemeinsam zu kommen.

Sich für interkulturelle Unterschiede und Gemeinsamkeiten interessieren

In der interkulturellen Zusammenarbeit mit Familien kann es nicht darum gehen, alle gleich zu machen, eine Sprache zu sprechen und ein Ziel zu verfolgen. Es geht vielmehr darum, durch die Begegnung der Familien mit unterschiedlichem kulturellem Hintergrund Unterschiede und Gemeinsamkeiten zu erkennen, sich verständigen zu können, ohne die eigene Identität aufgeben zu müssen.

Voraussetzung für den gegenseitigen Respekt und die Begegnung zwischen den Kulturen ist das Wissen, welche Bedeutung die jeweilige Kultur für den Menschen hat. Die amerikanische Kulturwissenschaftlerin Leslie R. Williams hat verschiedene Ebenen von Kultur beschrieben (*siehe Kasten*). Diese Ebenen erleichtern den Zugang zur Auseinandersetzung mit der eigenen und anderen Kulturen. Jeder Mensch wird von Geburt an durch seine Kultur geprägt, er identifiziert sich mit ihr und erfährt sich als Teil seiner Kultur. Nimmt man ihm einen Teil fort oder verbietet z. B. den Gebrauch seiner Muttersprache, verliert er einen Teil seiner selbst. Es kann deshalb in der pädagogischen Arbeit und in der Zusammenarbeit mit den Eltern nur dann zu einer guten Entwicklung kommen, wenn die unterschiedlichen kulturellen Ebenen ernst genommen und gelebt werden können. Auf dieser Basis des gegenseitigen Respekts kann die Zusammenarbeit mit den Eltern aufbauen.

Die verschiedenen Ebenen von Kultur

1. Zur WAS-Ebene gehören alle sichtbaren Kulturprodukte, wie z. B. Schriftzeichen, Kleidung, Tänze, Spiele oder auch das Kunsthandwerk. Diese Kulturmerkmale werden als »kulturspezifisch« wahrgenommen.
2. Auf der WIE-Ebene findet man die beobachtbaren Handlungsmuster und Ausdrucksformen, wie z. B. religiöse Sitten, Essensrituale, Wohnkultur oder auch die Erziehungspraxis. Es handelt sich um beobachtbare Verhaltensweisen und Bräuche einer »gelebten« Kultur.
3. Auf der WARUM-Ebene sind Wertorientierungen zu finden, alle »Bilder im Kopf«, alles, was das Handeln und Denken eines Menschen leitet. Dazu gehören Einstellungen und Erziehungsvorstellungen, aber auch Rollenbilder von Männern, von Frauen, vom Familienleben, von Kindern.

(nach Williams 1991, S. 308)

Zwischen den Kulturen vermitteln

Die pädagogischen Fachkräfte spielen eine sehr große Rolle, wenn es um die Vermittlung zwischen den Kulturen geht. Damit sie dabei Sicherheit erlangen, müssen sie die verschiedenen Kulturen verstehen. Voraussetzung dafür sind die Reflexion der eigenen Einstellungen und Kulturpraktiken und damit die Fähigkeit, Dinge aus verschiedenen Perspektiven sehen zu können.

Die Sensibilisierung für den Umgang mit Fremdsein und Anderssein beginnt bei jeder einzelnen Mitarbeiterin und setzt voraus, dass sie sich selbstkritisch mit der eigenen Einstellung auseinandersetzt. Einige anregende Fragen für ein Gespräch mit den Kolleginnen können zum Beispiel sein:

- Welche Klischees kenne ich? Welche Vorurteile habe ich?
- Welche Werte sind mir in meiner Kultur besonders wichtig? Auf was könnte ich nicht verzichten? Für welche Werte würde ich kämpfen?
- Was schreckt mich in anderen Kulturen ab? Was kann ich nur sehr schwer akzeptieren? Warum empfinde ich das so?
- Wie verhalte ich mich, wenn ich fremd bin?
- Welche Unterstützung hole ich mir, wenn ich fremd bin?
- Wie fühle ich mich und wie verhalte ich mich, wenn ich niemanden verstehe (z.B. im Urlaub in einem anderssprachigen Land)?
- Welche Erfahrungen gibt es in meiner Familie mit anderen Kulturen?
- Habe ich selbst andere kulturelle Wurzeln?
- Spielt das Thema Migration in meinem Leben eine Rolle?
- Gab es in meiner Familie in früheren Generationen Erfahrungen mit Migration? Und wenn ja, gibt es noch Rituale und Bräuche aus dieser Zeit oder Erinnerungen aus meiner Kindheit an Feste und Feiern mit Einflüssen anderer Kulturen?
- Welche Bedeutung hat meine Familiengeschichte für mich? Welche Rolle spielt die Familiengeschichte meines Partners?

Das Ziel der Auseinandersetzung mit dem eigenen Zugang zum Thema soll die einzelne Fachkraft mit ihrer Einstellung konfrontieren und zur Selbstreflexion anregen. Solche Gespräche mit teils konfrontierenden Fragen gegen Gelegenheit, eigene Haltungen zu hinterfragen und gleichzeitig zu erkennen, dass sie immer im eigenen kulturellen Rahmen eingebunden sind. Wer dadurch sensibel wird, ist sich seiner Vorurteile bewusst, kann daran arbeiten und lernt, die Unterschiedlichkeit der Menschen zu akzeptieren. Für eine erfolgreiche Erziehungspartnerschaft mit Eltern mit Migrationshintergrund ist diese Beschäftigung mit sich selbst und den eigenen Berührungspunkten zum Fremdsein eine notwendige Voraussetzung. Die Eltern werden als eigene Personen mit ihrem jeweiligen Hintergrund wahrgenommen, und es besteht die Bereitschaft, die Vorstellungen und Ziele der Eltern für die Erziehung ihrer Kinder kennen zu lernen.

Den Migrationshintergrund kennen lernen

Die jeweilige besondere Situation einer Familie mit Migrationshintergrund verdient das Interesse und die Zuwendung der pädagogischen Fachkräfte, um klären zu können, ob die Kinder aus einer besonders belasteten Situation in die Kita kommen (Flüchtlinge, Sprachbarrieren) und deshalb besondere Maßnahmen zur Eingewöhnung notwendig sind. Beim Kennenlerngespräch (*siehe Kapitel 1, Seite 18*) kommt es darauf an, sich Zeit zu lassen und die Mutter und den Vater über einige Fragen zum Erzählen über ihre Situation anzuregen (*siehe Kasten*). Teilweise reagieren die Eltern eher zurückhaltend im Gespräch, je nachdem wie sie durch ihre Sozialisation oder das Erziehungs- und Bildungssystem ihres Herkunftslandes geprägt wurden. Manche Familien bringen auch bedrückende Erfahrungen von Flucht und Armut mit und wollen darüber nicht gerne reden. All dies sollte im Vorfeld mit bedacht und im Gespräch respektiert werden.

Steht bereits vor dem Gespräch fest, dass die Eltern die deutsche Sprache nicht gut verstehen, sollten die Fragen in ihre Sprache übersetzt und vor dem Gespräch mit nach Hause gegeben werden. Zum Gespräch sollte dann ein/e Dolmetscher/in eingeladen werden, der/die über Beratungsstellen (z.B. Caritas, Diakonie) kontaktiert werden kann.

Kinder als Dolmetscher?

Manchmal ist die Verführung groß, das Kind selbst oder ein Geschwisterkind zu fragen, ob es das Gespräch dolmetschen könnte. Davon ist jedoch grundsätzlich abzuraten. Kinder sollten nicht mit Themen belastet werden, die sie überfordern. Besonders deutlich wird die Notwendigkeit eines erwachsenen Dolmetschers, wenn es um Fragen der Förderung und Erziehung des Kindes oder um die Familiensituation geht.

Fragen an Eltern mit Migrationshintergrund

Die folgenden Fragen können beim Kennenlerngespräch gestellt oder in einer Übersetzung auch schriftlich mit nach Hause gegeben werden:

- Wie lange wohnen Sie schon in Deutschland?
- Fühlen Sie sich hier wohl und wollen Sie in Deutschland bleiben?
- Ist Ihr Kind hier geboren oder in Ihrem Herkunftsland?
- Aus welcher Region kommen Sie genau?
- Haben Sie noch Kontakt zu Ihrer Heimat?
- Welche Sprache sprechen Sie zu Hause?
- Welche Sprache spricht Ihr Kind zu Hause?
- Versteht Ihr Kind die deutsche Sprache?
- Haben Sie Bilderbücher oder Märchen zu Hause?
- Gibt es bestimmte Rituale, die Ihnen wichtig sind?
- Was soll Ihr Kind hier nicht essen?
- Können Sie etwas mitbringen, das wir hier auslegen oder aufhängen können, das Ihrem Kind bekannt ist und an Ihre Kultur erinnert?
- Können Sie sich vorstellen, in den Kindergarten zu kommen und den Kindern von Ihrem Land zu erzählen und/oder Fotos aus Ihrer Heimat mitzubringen?

Auch Hausbesuche können für den gegenseitigen Austausch in Erwägung gezogen werden. Oftmals nehmen gerade Familien mit nichtdeutscher Herkunft ein solches Angebot der Tageseinrichtung gerne an, weil sie sich in der Rolle der Gastgeber sehr wertgeschätzt fühlen. Ein Hausbesuch kann aber selbstverständlich immer nur ein Angebot sein und darf nie den Eltern den Eindruck vermitteln, dass sie dazu verpflichtet sind.

Kulturelle Vielfalt im Kita-Alltag leben

Es gibt im Alltag einer Tageseinrichtung viele Möglichkeiten, die es den Kindern und Eltern mit unterschiedlicher nationaler Herkunft erleichtern, Anteil zu nehmen. Vieles, was bisher üblich war, sollte in einer kritischen Reflexion überdacht werden. Es sollte überprüft werden, ob die Angebote noch zeitgemäß sind, ob sie für die aktuellen Familien passend sind, ob sie attraktiv genug sind, ob sie den Anspruch erfüllen, dass Eltern Einfluss nehmen können und ob sie Eltern dazu ermuntern, Kontakt und Partnerschaft mit der Kita einzugehen. Dazu im Folgenden einige Anregungen:

Alle Nationen willkommen heißen: Eltern und Gäste, die die Kita besuchen, sollen sich möglichst im Gebäude zurechtfinden, sich willkommen fühlen und Hinweise und schriftliche Aushänge etc. verstehen können. Dazu gehört, dass keine zusätzlichen Hindernisse den Zugang erschweren. Was für die einen der stufenlose Eingang ist, sind für die anderen hilfreiche Hinweise in unterschiedlichen Sprachen. Hinsichtlich der Gestaltung des Eingangsbereiches sind folgende Fragen hilfreich:

- Wie freundlich ist der Eingang gestaltet?
- Gibt es leicht erkennbare Anmelde- und Sprechzeiten?
- Haben die Eltern die Möglichkeit, irgendwo Platz zu nehmen?
- Gibt es Infoblätter über die Kita in verschiedenen Sprachen?
- Wird über Fotos und kleinere Ausstellungen mit wenig Text ein Einblick in die Arbeit ermöglicht?
- Gibt es Symbole für bestimmte Treffpunkte, z. B. das Elterncafé, so dass über visuelle Darstellungen ergänzende Informationen zum geschriebenen Text möglich sind.

Sechzehnfach willkommen!

Ein Familienzentrum in London, in dem 16 Nationen vertreten sind, hat im Eingangsbereich ein Begrüßungsplakat in 16 Sprachen aufgehängt. Für die pädagogischen Fachkräfte war dies eine relativ unaufwendige Idee, die aber eine große Wirkung auf die Familien hatte, die sich von dieser Art der Begrüßung persönlich angesprochen fühlten. Gleichzeitig ist das Plakat ein Symbol für die bunte Vielfalt, die sich im Kinderzentrum zusammenfindet.
So könnte ein entsprechendes Plakat in einem deutschen Kindergarten aussehen:
Herzlich willkommen – koran bonvenon – welcome – bienvenue – serdecznie witamy – hos geldiniz –bienvenidos – benvenuto – selamat datang – srdecne vás vítame – bem vindo – kalos orisate – bruchot habaot – bruchim habaim – tikilluarit – hartelijk welkom – huan ying – naamaaste – karibu

Lesepaten: In vielen Einrichtungen gibt es Lesepaten, die regelmäßig kommen, um den Kindern vorzulesen oder die gemeinsam mit den Kindern Bilderbücher anschauen. Damit auch die verschiedenen Sprachen der Kinder einer Kita aufgegriffen werden, können Mütter und Väter dazu angeregt werden, z. B. eine türkische oder italienische Geschichte vorzulesen oder Bilderbücher in unterschiedlichen Sprachen mitzubringen.

Raumgestaltung: Ein indischer Wandteppich, eine chinesische Lampe oder eine türkische Teekanne erinnern die Kinder an vertraute kulturelle Gegenstände in einer für sie zunächst fremden Umgebung. Ähnlich wie das Familienbuch (*siehe Kapitel 3, Seite 48*), das die Kinder mit zu Hause verbindet, kann ein vertrauter Gegenstand helfen, sich »heimisch« zu fühlen. Auch für die Eltern sind solche vertrauten Gegenstände wohltuend. Sie sind ein Zeichen dafür, dass sich die unterschiedlichen Kulturen zeigen können und einen berechtigten Platz im Kindergartenalltag haben.

Kurse: Die Eltern können zu Kursen mit unterschiedlichen Themen eingeladen werden, die eine Referentin oder eine pädagogische Fachkraft leitet. Je nach den Wünschen oder dem Bedarf können Kochkurse, Sprachkurse, Computerkurse, Malkurse, Näh- oder Babymassagekurse angeboten werden, wobei praktisch orientierte Kurse meist einen niedrigschwelligen Zugang erleichtern. Möglich sind auch Kurse, die von den Eltern selbst angeboten werden, wie etwa ein indischer Kochkurs. Oder es werden zu einem Sprachkurs ausschließlich die russisch sprechenden Eltern eingeladen, deren Kontakt untereinander gestärkt werden soll. Dabei lernen sie auch die »kindergartentypischen« Ausdrücke wie Bauwagen, zweite Ebene, Bilderbücher kennen, um den Alltag ihrer Kinder besser zu verstehen.

Aktionen: Manchmal ergibt sich auch aus einem Tür- und Angelgespräch eine Anregung. In einem Kindergarten im Odenwald zum Beispiel wollte eine Erzieherin mit den Kindern ein einfaches russisches Lied lernen und sprach eine Mutter mit russischer Herkunft darauf an. Die Mutter war gerne bereit, den Kindern und den Erzieherinnen in der Gruppe ein Lied beizubringen. Auch einige Erzieherinnen der anderen Gruppen hatten Interesse mitzusingen, sie regten weitere Eltern dazu an, ebenfalls zu kommen. So entstand ein russischer Chor aus Eltern und Fachkräften, die miteinander in der »eigenen« und »fremden« Sprache regelmäßig gemeinsam singen.

Treffpunkte: Ein Raum in der Kita bietet z. B. die Möglichkeit für einen Treffpunkt für kroatische Familien oder auch für einen »internationalen Frauentreff«. Solche Begegnungen ersetzen den traditionell bekannten Treffpunkt auf dem Dorfplatz. Aus solchen Treffpunkten können feste Gruppen entstehen, sie können aber auch einfach dazu dienen, um sich auszutauschen und zu verabreden.

Zusammenarbeit mit Fachdiensten: Gemeinsam mit einigen Fachdiensten können Nachmittage organisiert werden, bei denen die Arbeit der Fachdienste vorgestellt wird, bei denen die Informationen gleich übersetzt werden und bei denen die Möglichkeit besteht, mit den Therapeuten oder Mitarbeitern der Fachdienste ins Gespräch zu kommen. Manchmal sind die Hürden für die Familien mit Migrationshintergrund, einen Fachdienst zu konsultieren, recht hoch und es findet nur schwer Kontakt statt, etwa mit einer Erziehungsberatungsstelle, einer Schuldnerberatung, dem Sozialamt, einer Ausländerberatungsstelle oder einem Therapeuten. Niedrigschwellige Angebote erleichtern den Eltern den Zugang und helfen, möglichst frühzeitig eine Unterstützung für sie und ihr Kind zu suchen.

5.

»Und was kommt nach dem Papa-Nachmittag?«

Väter als Erziehungspartner in der Kita

Im Kindergarten »Neue Wiese« finden seit einiger Zeit regelmäßige Vater-Kind-Spielnachmittage statt und immer mehr Väter nehmen diese Angebote wahr. Die Erzieherinnen bemerken aber auch, dass sie nicht alle Väter damit erreichen und dass bei einigen, die ein paarmal engagiert dabei waren, das Interesse wieder nachgelassen hat. Einer von ihnen ist Herr Kramer, der Vater der 4-jährigen Lisa. Als Lisas Erzieherin Herrn Kramer einlädt, an der nächsten Aktion wieder teilzunehmen, winkt dieser ab: »Mit meiner Tochter spielen kann ich auch zu Hause – wieso bieten Sie für uns Väter denn nichts Pädagogisches an?«

Was ist hier passiert?

Die pädagogischen Fachkräfte legen Wert darauf, dass im Laufe des Kindergartenjahres auch Veranstaltungen für die Väter angeboten werden. Spielnachmittage kamen bei den Vätern bisher immer gut an. Die Mitarbeiterinnen sehen in ihnen eine gute Möglichkeit, den Vätern den Zugang zur Tageseinrichtung zu erleichtern. Bisher haben die Mitarbeiterinnen aber nicht damit gerechnet, dass sich die Väter auch für pädagogische Themen interessieren könnten. Sie haben deshalb die pädagogischen Themen ausgeklammert und den Zeitpunkt verpasst, nachzufragen, ob Bedarf nach weiterführenden inhaltlichen Veranstaltungen besteht.

Wie könnte es besser laufen?

Um Festlegungen in der Rollenaufteilung zu durchbrechen, ist es hilfreich, sich mit dem eigenen Rollenverhalten auseinanderzusetzen. Entscheidend ist dabei, welches Potenzial den Vätern und Müttern zugetraut wird. Eine Öffnung der Rollenzuschreibungen ist notwendig, um der veränderten gesellschaftlichen Wirklichkeit besser entsprechen zu können.

Väter und Mütter mit vielfältigen Angeboten ansprechen

Bei allen Angeboten, die in der Kita, im Kindergarten oder der Krippe gemacht werden, sollten die Eltern als Mütter *und* Väter wahrgenommen werden und immer auch beide Elternteile eingeladen werden. Mütter als auch Väter können auf unterschiedlichen Erfahrungsebenen angesprochen werden. Spaß, gemeinsame Erlebnisse, Austausch, inhaltlicher Diskurs über pädagogische Fragen bis hin zu politischem Engagement sind in gemeinsamen Aktionen oder jeweils getrennt möglich. Beim regelmäßigen Kontakt mit beiden Elternteilen sollte deshalb auch immer wieder die Gelegenheit genutzt werden, sich über die Wünsche der Väter und die Wünsche der Mütter auf dem Laufenden zu halten.

Väter als Erziehungspartner wertschätzen

Die aktive Beteiligung der Väter an der Erziehungsarbeit in der Familie hat nachweislich positive Auswirkungen auf die Entwicklung der Kinder. Studien belegen, dass Männer dieselben biologischen Voraussetzungen für eine liebevolle und kompetente Eltern-Kind-Interaktion haben wie Frauen (vgl. Fthenakis 1993). Kinder brauchen Väter und Mütter gleichermaßen für ihre Selbstständigkeit, ihr Selbstvertrauen und ihre Zufriedenheit. Für die geschlechtsspezifische Entwicklung von Mädchen und Jungen ist die Auseinandersetzung mit einer männlichen Bezugsperson genauso wichtig wie mit einer weiblichen. Die Anwesenheit der Väter oder männlichen Bezugsperson ist vor allem für die Entwicklung der Jungen notwendig, sie brauchen die Väter als Rollenvorbild und Identifikationsmodell.

Bei den besonderen Angeboten für die Väter geht es darum, ihren Wünschen und Bedürfnissen gerecht zu werden, sich auf ihre Fragen einzulassen und ihnen zuzugestehen, andere Lösungen und andere Fragen als die Mütter einzubringen. Beispielsweise verläuft ein Spielnachmittag mit den Vätern in der Regel anders als mit den Müttern. Die Väter fordern die Kinder oftmals stärker heraus, neue Verhaltensmöglichkeiten auszuprobieren, und sind eher bereit, es zu akzeptieren, wenn die Kinder ein Risiko eingehen. Väter haben einen eigenen Zugang zur Erziehung ihrer Kinder und das

Recht, diese Art ihren Kindern zugute kommen zu lassen. In Familien mit einem alleinerziehenden Elternteil sollte überprüft werden, ob es nicht möglich ist, den getrennt lebenden anderen Elternteil oder andere männliche Bezugspersonen, wie Lebenspartner, Großvater, Onkel, Bruder etc., in die Erziehungspartnerschaft in der Tageseinrichtung mit einzubeziehen. Mithilfe der Checkliste in Abbildung 6 können die Fachkräfte in der Teambesprechung abfragen, inwieweit in ihrer Einrichtung die Rahmenbedingungen für eine »väterfreundliche« Kita gegeben sind.

Ist unsere Kita väterfreundlich?

		Ja	Nein	Anmerkung
1.	**Personal**			
	Haben sich die Mitarbeiterinnen mit der veränderten Vaterrolle auseinandergesetzt?			
	Gibt es eine Aussage zur Väterarbeit in der Konzeption oder dem Leitbild der Einrichtung?			
	Werden männliche pädagogische Mitarbeiter als Ergänzung in das Frauenteam gesucht?			
	Haben sich Mitarbeiterinnen zum Thema »Väter« fortgebildet?			
	Gibt es Fachliteratur in der Einrichtung zu diesem Thema?			
	War das Thema »Väter im Kindergarten« Thema bei einer der Teamsitzungen in letzter Zeit?			
2.	**Angebote/Aktionen**	**Ja**	**Nein**	**Anmerkungen**
	Gibt es väterbezogene Angebote?			
	Werden die Väter in den Alltag des Kindergartens einbezogen?			
	Gibt es Gesprächskreise für Väter, z. B. zur pädagogischen Konzeption, zum Erziehungsalltag, zur Rolle als Vater?			

		Ja	Nein	Anmerkungen
	Welche Möglichkeiten haben die Väter, miteinander vertraut zu werden (z. B. Einbindung neuer Väter in die Gruppe der »alteingesessenen«)?			
	Haben die Väter die Möglichkeit der Eingewöhnung wahrgenommen? Was könnte sie dabei unterstützen?			
	Weisen Sie in den Einladungen zu Elternabenden, Gesprächskreisen oder Treffs darauf hin, dass die Väter auch mit eingeladen sind (z. B. durch die Anrede »Liebe Mütter, liebe Väter …« statt nur »Liebe Eltern …«)?			
3.	**Räume/Ausstattung**	**Ja**	**Nein**	**Anmerkungen**
	Richtet sich das Material im Elternbereich, dem Elterncafé o. Ä. auch an Männer?			
	Stehen genügend Erwachsenenstühle für Gesprächskreise etc. zur Verfügung?			
4.	**Weitere Angebote:**	**Ja**	**Nein**	**Anmerkungen**
	Gibt es überregionale oder auch lokale Netzwerke für Väterarbeit (z. B. mit der Familienbildungsstätte, der VHS, mit Vereinen, Hebammen …)?			
	Gibt es Möglichkeiten, dass sich Väter zum Austausch treffen?			
	Gäbe es interessierte Väter, die eine Gruppe leiten wollen (z. B. Vater-Kind-Spielgruppe, Vater-Kind-Schwimmen)?			

Abbildung 6: Formular »Checkliste Väterfreundlichkeit«

Väter aktivieren

Sind Interesse und Engagement der Väter in der Kita eher gering, können erlebnisorientierte Aktionen mit den Kindern dazu beitragen, dass Schwellenängste abgebaut werden und dass das Interesse für das Kind und die pädagogische Arbeit der Einrichtung wächst. Die Teilnehmenden haben bei solchen Aktionen außerdem die Gelegenheit, auf unkomplizierte Weise Kontakt zu anderen Vätern zu knüpfen. Hier einige Beispiele:

- Spielnachmittag
- Dinosaurierwerkstatt
- Kochkurs

- Ballturnier
- Väter stellen den Kindern ihre Berufe vor
- Zelten im Außengelände der Kita

Um ein Feedback zu bekommen, kann nach einem solchen Angebot ein kurzer Fragebogen verteilt werden. Mündliche Rückmeldungen der Väter, die spontan nach der Veranstaltung gegeben wurden, halten die Fachkräfte fest. Folgende Fragen könnten den Vätern gestellt werden:

- Wie hat Ihnen der Tag in der Kita gefallen?
- Haben Sie Fragen zum Ablauf des Vormittags, zu Spielbereichen etc.?
- Wie hat es Ihrem Kind gefallen? Welchen Eindruck haben Sie?
- Ist Ihnen etwas im Spiel mit Ihrem Kind aufgefallen? Was hat Sie besonders gefreut?
- Wie war für Sie die Erfahrung, ohne Ihre Partnerin mit Ihrem Kind in der Kita zu sein?
- Hätten Sie Interesse an weiteren Vater-Kind-Aktionen?
- Haben Sie Ideen dazu?
- Hätten Sie Interesse an einem Austausch unter Vätern?
- Welche Themen sind für Sie interessant?

Männliche Kollegen im Team können sehr unterstützend für die Akzeptanz eines Väterangebots wirken. Sie könnten z.B. die Ansprechpartner für die Väter sein und dadurch einigen von ihnen die Teilnahme erleichtern. Nachdem die Väter mit der Kita in Kontakt gekommen sind, geht es darum, dass langfristige Konzepte diese Art der Zusammenarbeit stärken.

Väter in den pädagogischen Alltag einbeziehen

Die Erfahrung zeigt, dass sich Väter genauso für die Erziehung und Entwicklung ihrer Kinder interessieren wie die Mütter, dass sie aber eigene Zugänge brauchen, die inhaltlich und strukturell auf sie ausgerichtet sind. Väter sind wesentlich eher bereit, sich an öffentlichkeitswirksamen Aktionen oder einem Forschungsprojekt zu beteiligen, scheuen aber auch nicht vor Verantwortung oder innovativen Aktionen zurück. Im Folgenden einige Beispiele:

Eingewöhnung: In einigen Einrichtungen melden die pädagogischen Fachkräfte inzwischen einen Prozentsatz von 15–20 % Vätern, die bei der Eingewöhnung ihres Kindes die Hauptverantwortung tragen.

Hospitation: Es interessieren sich auch immer mehr Väter für die Möglichkeit der Hospitation in der Kindergartengruppe. Nach einer Hospitation können die Väter beispielsweise dazu angeregt werden, zu Hause ein Tagebuch über einen Beobachtungszeitraum zu führen oder Fotos und Filmsequenzen der Beobachtung eines Entwicklungsbereiches oder eines bestimmten Lerninteresses ihres Kindes zu machen.

Austausch zwischen Vätern: Für einige Väter kann ein Austausch mit anderen Vätern über die Erfahrungen, die sie dabei gemacht, interessant sein.

Entwicklungsgespräche: Zum Entwicklungsgespräch sollten grundsätzlich immer Vater und Mutter eingeladen werden. Auch dann, wenn einer der beiden nicht teilnehmen kann, sollte der andere Elternteil in das Entwicklungsgespräch mit einbezogen werden. Das gelingt ganz gut dadurch, dass den Eltern einige vorbereitende Fragen vor dem Gespräch mitgegeben werden. Beide können ihre Eindrücke und Ansichten zu Hause besprechen.

Gremienarbeit: In allen Einrichtungen gibt es einen Elternbeirat. Oft überwiegt der weibliche Anteil. Auch hier können speziell die Väter motiviert werden, sich ebenfalls einzubringen.

Aktivitäten mit Externen: Eine weitere Möglichkeit der Beteiligung von Vätern im Alltag der Tageseinrichtung können Aktionen in Zusammenarbeit mit der Kommune sein, z.B. bei der Planung und Gestaltung von kinderfreundlichen Spielplätzen in der Stadt.

Den Austausch unter Vätern ermöglichen

Die während der erlebnisorientierten Veranstaltungen geknüpften oder vertieften Kontakte bilden eine gute Basis für weiterführende Veranstaltungen ohne die Kinder. Hier können sich die Väter untereinander und/oder unter Leitung der pädagogischen Fachkräfte auch über pädagogische Themen austauschen. Hier einige Beispiele:

- Väterabend
- Väterfrühstück
- Väterrunde am Samstagabend
- Elternabend gemeinsam mit den Frauen zum Thema »Rollenverteilung« mit getrennten Arbeitsgruppen und einer gemeinsamen Diskussion im Anschluss im Plenum
- Väterstammtisch
- Männerfeuerabend am Vatertag

Folgende Fragen und Themen könnten bei einem solchen Austausch für die Väter interessant sein:

- Wie kann ich als Vater die Entwicklung meines Kindes aktiv fördern?
- Wo liegen die besonderen Stärken der Väter?
- Kindererziehung – reine Frauensache?
- Welche Rolle habe ich in der Erziehung unseres/r Kindes/r?
- Wie unterscheidet sich meine Rolle von der meines eigenen Vaters?
- Was macht mir das aktive Vatersein manchmal schwer?
- Wo können Hindernisse für eine engagierte Vaterschaft liegen?
- Papa sagt ja, Mama sagt nein – was tun?

Getrennt lebende Väter einbeziehen

Für viele getrennt lebende Väter besteht der Kontakt zu ihren Kindern über das Besuchsrecht. Für manche dieser Väter würde sich die Teilnahme an einer Vater-Kind-Aktion am Samstag im Kindergarten sehr gut anbieten. Je mehr Kinder von der Trennung ihrer Eltern betroffen sind, umso mehr besteht der Bedarf, sich mit der Situation dieser Kinder auseinanderzusetzen.

6.

»Manche Eltern kommen täglich mit einer neuen Idee!«

Impulse aufgreifen und Ressourcen sinnvoll nutzen

Frau Pinkert und Frau Malten, Mütter aus der Sternchengruppe, kommen auf die Gruppenerzieherin Frau Hütting mit der Frage zu, ob die Kita nicht mal einen »Secondhand-Kinderkleiderbasar« organisieren und ob man nicht beim Wochenmarkt einen Kuchenverkauf anregen könne. Sie sehen darin eine gute Gelegenheit, um zusätzliches Geld für die Kita zu erwirtschaften, etwa für die Schaukel, die schon lange angeschafft werden soll. Außerdem sei es doch eine tolle Idee, einen Filzkurs für andere Mütter anbieten. Frau Hütting nimmt diese Anregungen während eines Tür- und Angelgesprächs entgegen, kommt in den folgenden Wochen aber nicht mehr darauf zurück. Sie ist verunsichert, wie sie mit diesen Ideen umgehen soll, und macht sich Gedanken darüber, ob die beiden Mütter wirklich einfach nur Lust haben, etwas zu initiieren – oder ob vielleicht dahintersteckt, dass sie mit dem bisherigen Angebot des Kindergartens unzufrieden waren.

Was ist hier passiert?

Die beiden Mütter haben sich im Gespräch untereinander u.a. über die finanzielle Situation der Kita unterhalten und dabei einige Ideen entwickelt. Sie überlegen sich, welche Aktionen sie in der Kita anregen könnten, um eine neue Schaukel zu finanzieren. Andererseits haben sie auch Lust, sich mit anderen Frauen zu treffen und gemeinsam einen Filzkurs zu machen. Die Kita-Räume im Obergeschoss könnten ihrer Meinung nach dazu sehr gut genutzt werden. Die beiden haben beschlossen, bei nächster Gelegenheit ihre Ideen in der Kita mitzuteilen. Sie gehen davon aus, dass das schon irgendwie umgesetzt werden kann.

Die Gruppenerzieherin Frau Hütting war nicht auf diese Anfragen vorbereitet und weiß nicht recht, wie sie mit den Vorschlägen umgehen soll. Sie ist gleichzeitig verunsichert, da sie nicht einschätzen kann, wie das Gesamtteam solchen Ideen von Müttern gegenüber eingestellt ist und was hinter den »Forderungen« steht. Sie befürchtet, dass die Mütter zwar Ideen einbringen, aber letztlich niemand die Verantwortung für den Kuchenverkauf oder den Kleiderbasar übernehmen wird.

Wie könnte es besser laufen?

Für Eltern, die Ideen entwickeln und die sich gerne engagieren wollen, sollten unterschiedliche Möglichkeiten geschaffen werden, um ihre Ideen einbringen zu können. Hilfreich sind geregelte Rückmeldeverfahren, die es den Eltern erleichtern, regelmäßig ihre Vorschläge und Rückmeldungen kundzutun. Ebenso wichtig ist die Auseinandersetzung im Team der pädagogischen Fachkräfte, wie mit dem Wunsch nach Mitbestimmung und Mitarbeit von Seiten der Eltern umgegangen wird.

Für die Mütter wäre es hilfreich gewesen, wenn sie einen Ort gehabt hätten, an dem sie ihre Ideen hätten einbringen können, so dass die Erzieherin auf ihre Anregungen vorbereitet gewesen wäre und darauf hätte eingehen können. Die Erzieherin wiederum hätte sich von solchen Anregungen nicht verunsichern lassen müssen, wenn im Team klar kommuniziert gewesen wäre, dass die Mitarbeit von Eltern gewünscht ist und unterstützt wird.

Mitbestimmung als ein Aspekt der Partizipation sollte im Leitbild und der Konzeption der Einrichtung eine Rolle spielen, also bereits grundsätzlich geklärt sein. Partizipation von Eltern im Alltag kann keine Willkürentscheidung von einzelnen pädagogischen Fachkräften sein, sondern ist im gesetzlichen Auftrag verankert. Wichtig ist es, dass die Spielregeln für die unterschiedlichen Formen von Mitbestimmung allen bekannt sind und jeder weiß, was möglich ist.

Eltern an wichtigen Entscheidungen beteiligen

»Die Erziehungsberechtigten sind an den Entscheidungen in wesentlichen Angelegenheiten der Tageseinrichtung zu beteiligen«, heißt es in § 22 Abs. 3 des Kinder- und Jugendhilfegesetzes (SGB VIII). Diese rechtlichen Grundlagen regeln das Beteiligungsrecht, und trotzdem bleibt es eine Frage der Haltung, wie die Beteiligung umgesetzt wird. Die Eltern werden grundsätzlich in alle Entscheidungsbereiche der Kita einbezogen, sie sind ein Teil des Ganzen und sie haben das Recht, Einfluss zu nehmen. Sie sollten dabei aber auch spüren, dass dies für die pädagogischen Mitarbeiterinnen nicht nur Pflichterfüllung, sondern ehrliches Interesse ist.

Die institutionell geregelte Beteiligung der Eltern wird in den Tageseinrichtungen über die Wahl von Elternvertretern sichergestellt, die vor allen wichtigen Entscheidungen, für die letztlich der Träger verantwortlich ist, gehört und mit einbezogen werden müssen. Sie übernehmen u.a. die Aufgabe, die verschiedenen Belange aller Eltern einzubringen.

Die Beteiligung bei wichtigen Entscheidungen betrifft z.B. die Veränderung von Öffnungszeiten, die Ferienregelung oder auch die Erhöhung von Elternbeiträgen. Neben strukturellen Entscheidungen werden die Eltern auch in die konzeptionellen und pädagogischen Themen einbezogen, um beratend und unterstützend Anteil zu nehmen. Sie werden z.B. zur Umsetzung von Bildungsplänen und bei Veränderungen der pädagogischen Konzeption gehört.

Eltern unterstützen Aktionen im Kita-Alltag

Im Kita-Alltag finden regelmäßig Aktionen statt, die sich dafür anbieten, Eltern einzuladen, sie zu integrieren und ihnen einen Einblick in die pädagogische Arbeit der Kita zu ermöglichen. Sie können als Teil der Gruppe mit dabei sein, sich einbringen oder, wenn sie wollen, sich auch zurückhalten, sich einen Eindruck verschaffen und diesen erst im Anschluss mit der pädagogischen Fachkraft austauschen.

Solche Aktionen sind zum Beispiel Ausflüge in den Zoo, in den botanischen Garten, ins Aquarium, in die Bibliothek etc. Hilfreich ist die Teilnahme mehrerer Erwachsener vor allem dann, wenn öffentliche Verkehrsmittel wie Bus, Bahn oder Schiff genutzt werden. Die Zuständigkeiten der Eltern sollten aber vorher geklärt werden, damit es während der Unternehmung nicht zu Unsicherheiten kommt, z.B. die Aufsicht über bestimmte Kinder oder die Übernahme einer bestimmten Aufgabe.

Manche Eltern helfen gerne bei der Organisation und Durchführung großer Feste, etwa des Sommerfests, oder bei der Planung des Laternenumzugs und der Unterstützung von größeren öffentlichkeitswirksamen Aktionen, die im Stadtteil oder der Gemeinde mit den Kindern durchgeführt werden. Beim Erneuern von Spielmaterial, beim Einbau von Holzelementen im Gruppenraum, bei der Gartenumgestaltung oder beim Streichen der Außenspielgeräte engagieren sich Väter, aber auch Mütter ebenfalls oft sehr gerne, verbunden mit einem Aktionstag oder gemeinsam mit den Kindern.

Eltern organisieren Angebote mit den Kindern

Manche Eltern haben Spaß daran, mit einigen Kindern oder einer Kindergruppe etwas zu unternehmen und eigenverantwortlich ein Angebot mit den Kindern zu machen. Wenn eine Mutter mit drei bis vier Kindern vor Weihnachten Plätzchen bäckt, eine andere Mutter einmal pro Woche eine Stunde Klavier spielt oder ein Vater mit einigen Kindern im Herbst Drachen baut, erweitert dies für die Kinder einerseits die Angebotsvielfalt, aber auch den Erfahrungshorizont mit anderen Erwachsenen. Mittlerweile haben auch viele Großmütter oder Großväter einen festen Platz in der Kita als »Vorleseopas« und »Vorleseomas«.

In der Regel sind die pädagogischen Fachkräfte beim Angebot der Eltern dabei, für die Kinder als vertraute Ansprechpartner und zum Beobachten der Kinder während des Angebotes. Auch für die Eltern ist die Anwesenheit der Fachkräfte sinnvoll. Sie können sich besser auf das Thema konzentrieren und brauchen sich nicht für gruppendynamische Prozesse oder pädagogische Interventionen verantwortlich zu fühlen.

Eltern organisieren Angebote für andere Eltern

Für die meisten Eltern hat mit dem Eintritt des Kindes in die Kita ein neuer Lebensabschnitt begonnen, und für einige erweitert sich dadurch auch der Bekanntenkreis. Manche Eltern haben bereits Kontakt zu anderen Eltern, die in einer ähnlichen Lebensphase sind, andere wiederum sehen eine Chance darin, neue Bekanntschaften zu schließen. Nicht immer wollen sich Eltern ausschließlich über das Thema Kindererziehung mit anderen Eltern austauschen, sondern sie sind auch daran interessiert, andere erwachsenenbezogene Themen zu besprechen. Viele Eltern sind gerne aktiv, sie wollen mitgestalten und mitwirken. Sie wollen Kurse organisieren, ihr Wissen und Können mit anderen teilen oder neue Fertigkeiten kennen lernen.

Interessen, Wünsche und neue Anregungen können in einer Umfrage unter den Eltern regelmäßig nachgefragt werden. Auch Eltern können dazu angeregt werden, andere Eltern nach deren Wünschen zu fragen. Eine Abfrage von Eltern untereinander kann eine gute Gelegenheit sein, Kontakte zu fördern und Ideen von Eltern weiterzuentwickeln.

Eltern stellen ihre Kompetenzen zur Verfügung

Unter den Eltern sind unterschiedliche Kompetenzen, Fähigkeiten und Interessen vorhanden, die genutzt werden können. Einige Beispiele machen das deutlich:

- Eine Mutter, die von Beruf Physiotherapeutin ist, gibt einen Anschlusskurs für Mütter nach der Rückbildungsgymnastik.
- Zwei Mütter, eine türkische Mutter und eine deutsche Mutter, geben gemeinsam einen Sprachkurs für türkische Frauen.
- Eine Mutter, die selbst das Filzen für sich »entdeckt« hat, gibt einen Filzkurs für interessierte Eltern.
- Eine Mutter, die als Yogalehrerin arbeitet, bietet für andere Frauen einen Yogakurs an.

- Ein Vater und Computerspezialist erläutert Begriffe aus der elektronischen Datenverarbeitung (EDV) und der Informationstechnologie (IT), insbesondere aus den Bereichen Software, Hardware, Internet.
- Ein Vater, der in seiner Freizeit klettert und Trainer einer Jugendgruppe ist, gibt einen Kletterkurs für Väter und Mütter.

Eltern organisieren sich selbst

Wenn Eltern eigene Verantwortung für Treffen, Kurse oder Aktivitäten übernehmen wollen, können sie auf unterschiedliche Weise unterstützt werden. Oft genügt es, einen Raum anzubieten oder die Kita als Informationsplattform zur Verfügung zu stellen, z.B. um einen regelmäßigen Elternstammtisch oder thematische Gruppentreffen anzuregen. Manchmal ist es aber auch wichtig, dass die pädagogischen Fachkräfte beim Start eines Projektes mithelfen und das Projekt mit auf die Beine stellen.

Für einige Mütter und Väter ist der Austausch mit anderen Eltern in ähnlichen Lebenssituationen hilfreich, zum Beispiel für alleinerziehende Mütter und Väter, für Eltern mit Kindern, die Behinderungen haben, für sehr junge Eltern, für Familien derselben nationalen Herkunft oder Eltern in der Familiengründungsphase. Ein sehr schönes Beispiel, wie sich Eltern auf kommunal politischer Ebene selbstverantwortlich organisiert haben, ist das Engagement von Eltern für den Bau einer Ampelanlage vor der Kita. Dafür wurde in einer Kita ein Arbeitskreis gegründet, es mussten Verbündete im Stadtteil gefunden und Aktivitäten geplant werden, um möglichst viele Gemeindemitglieder für die Unterstützung des Vorhabens zu gewinnen. Im Arbeitskreis engagierten sich Eltern der Kita selbstverantwortlich, sie nahmen Kontakt mit der Grundschule, dem Bauamt, dem Bürgermeister etc. auf, und es gelang ihnen, das Ziel zu erreichen und »Politik für die Kinder« konkret und erfolgreich umzusetzen.

Eltern informieren sich gegenseitig

Über das Medium »Infowand« oder »schwarzes Brett« kann der Informationsfluss von den Eltern für die Eltern unterstützt werden. Sie sollten »eigene« Infowände gestalten können, die sie für Informationen, Hinweise und Aushänge in eigener Sache nutzen können. Damit die Elternvertreter für alle anderen Eltern präsent sind, können dort Fotos von ihnen ausgehängt werden – eventuell auch mit ihren Kindern, da viele Eltern nur die Kinder kennen und die Eltern dann über die Fotos der Kinder leichter in Verbindung bringen.

Eltern übernehmen Verantwortung für eigene Projekte

Einen Schritt weiter können Eltern gehen, wenn sie nicht nur Angebote für Eltern oder Kinder machen, sondern eigenverantwortliche Projekte übernehmen. Es gibt immer wieder Eltern, die sich von einer solchen Möglichkeit begeistern lassen und die dann mehr oder weniger intensiv in eine solche Aufgabe einsteigen. Einige Beispiele hierfür sind

- ein Kuchenverkauf im Advent vor dem Rathaus, dem Kindergarten oder auf dem Wochenmarkt,
- die Organisation eines Secondhand-Kinderkleiderverkaufs,
- die Organisation eines Spielwaren-Flohmarktes,
- das Angebot von Bibliotheken und Spielwaren-Ausleihstellen (Ludotheken), die von Eltern betrieben werden und hauptsächlich auch von Eltern genutzt werden.

Die vielfältigen Möglichkeiten der Mitarbeit und Beteiligung von Eltern auf unterschiedlichsten Ebenen zeigen eindrücklich auf, was möglich ist, wenn Kreativität, Offenheit, Interesse und die Bereitschaft, sich auf Neues einzulassen, auf Seiten der Eltern und der Mitarbeiterinnen zusammentreffen. Grundsätzlich ist bei allen Angeboten aber zu berücksichtigen, dass Väter und Mütter, die zur Mitarbeit bereit sind, nicht als Personalersatz aufgrund von Personalmangel eingesetzt werden.

7.

»Wir machen uns Sorgen um Maren ...«

Die Eltern zum Wohle des Kindes beraten

Seit zwei Wochen beobachten die Erzieherinnen in der Bärengruppe, dass Maren immer wieder vom Pausenbrot anderer Kinder etwas abhaben möchte. Sie hat an vielen Tagen gar nichts zu essen dabei, nur ab und zu eine Milchschnitte. Hinzu kommt die Beobachtung der Erzieherinnen, dass Maren manchmal mit verschmutzter und nicht dem Wetter angemessener Kleidung in die Kita kommt. Auch die Kinder der Gruppe haben bereits Bemerkungen über ihr Aussehen gemacht. Obwohl sie keine andere Möglichkeit sehen, haben die Erzieherinnen das Gespräch mit Marens Mutter bisher vermieden, da sie bereits einige Konfrontationen mit ihr hatten. Sie kommt häufig zu spät, um ihre Tochter abzuholen, und hat noch an keiner Veranstaltung im Kinderhaus teilgenommen.

Was ist hier passiert?

Die Erzieherinnen der Bärengruppe machen sich seit einiger Zeit Sorgen um Maren, weshalb sie das Mädchen aufmerksam beobachten. Sie wissen, wie wichtig es ist, möglichst frühzeitig Signale von Kindern aufzunehmen, damit problematische Entwicklungsverläufe verhindert werden können. Die Erzieherinnen wollen mit der Mutter reden, aber wie? Nach den bisherigen Konflikten betrachten sie den Zugang als eher schwierig und haben Sorge, ob sie die Mutter überhaupt davon überzeugen können, zu einem Gespräch zu kommen. Sie befürchten, dass sie Maren womöglich vom Kinderhaus abmelden wird.

Wie könnte es besser laufen?

Möglicherweise wäre es gar nicht zu diesem gespannten Verhältnis gekommen, wenn früher ein Gespräch stattgefunden hätte. Viele Unstimmigkeiten, Verärgerungen und Missverständnisse können vermieden werden, wenn von Anfang an mehr »Einsicht« in die jeweils andere Lebenssituation vorhanden ist, etwa durch Kennenlern- und Entwicklungsgespräche. So hätte man zusammen mit Marens Mutter, die alleinerziehend ist und sich gerade von ihrem derzeitigen Lebenspartner trennt, frühzeitig eine gute Vertrauensbasis schaffen können, die es ihr ermöglicht hätte, sich zu öffnen. Dann hätte man sich auch gemeinsam um eine Entlastung der Situation für Maren kümmern können.

Es genügt oftmals schon, auch bei nur kurzen Begegnungen interessiert nachzufragen, damit die Eltern erkennen, dass die Erzieherinnen Anteil an ihrem Leben nehmen und in Krisen ansprechbar sind. Auch die Selbstverständlichkeit von regelmäßigen Entwicklungsgesprächen unterstützt die gemeinsame Basis. Die Eltern erfahren dadurch, dass das Interesse am Wohl des Kindes und seiner Entwicklung im Mittelpunkt steht und nicht nur Probleme Anlass für ein Gespräch sind. Für die Erzieherinnen wäre es leichter gewesen, auf der Grundlage einer solchen Beziehung mit der Mutter über das veränderte Verhalten des Kindes ins Gespräch zu kommen. Die Mutter müsste nicht befürchten, dass sie wegen »Unfähigkeit« zu einem Gespräch »zitiert« wird, sondern sie könnte ihre Verunsicherung durch die akute Situation im Gespräch mitteilen und sich darauf verlassen, dass die Inhalte des Gespräches vertrauensvoll behandelt werden und gemeinsam mit ihr nach einer Lösung gesucht wird.

Für die Erzieherinnen bedeutet das nicht, dass sie selbst in die Beratung von Marens Mutter einsteigen müssen, sondern dass sie sensibel dafür sind, Notlagen zu erkennen, anzusprechen und Unterstützung anzubieten. Sie hätten dann mit der Mutter nach weiteren Hilfemaßnahmen suchen oder entsprechende Beratungsstellen empfehlen und auch vermitteln können.

Beratungsgespräche vorbereiten und durchführen

Zur Vorbereitung auf ein Gespräch, wie z.B. mit der Mutter von Maren, die von den Erzieherinnen eingeladen wird, ist es sehr wichtig, sich vorab einige grundlegende Gedanken zum Verlauf, zur Haltung während des Gesprächs und zu Lösungsstrategien zu machen, damit die Mutter das Gespräch unterstützend und lösungsorientiert erfahren kann.

Selbstreflexion: Stellen Sie sich vor dem Gespräch Fragen, die Ihnen helfen, sich auf das Wesentliche zu konzentrieren: Warum will ich das Gespräch? Erwarte ich bestimmte Informationen oder Reaktionen von der Mutter? Habe ich mich ausreichend über die Situation der Familie informiert? Bin ich bereit, mich offen auf das Gespräch einzulassen? Bin ich mir bewusst, dass meine eigene positive Haltung gegenüber der Mutter Einfluss auf das Gespräch hat? Bin ich mir bewusst, wie wichtig mein Zuhören für die Mutter ist? Bin ich mir bewusst, dass ich nicht für die Lösung verantwortlich bin?

Einladung zum Gespräch: Lassen Sie die Mutter nicht im Unklaren darüber, warum sie zum Gespräch eingeladen wird, sondern geben Sie ihr Zeit, sich darauf vorzubereiten. Wer zu einem Gespräch ohne Angabe eines Grundes eingeladen wird, wird nicht als gleichwertiger Partner behandelt oder wird sich immer in einer untergeordneten Rolle empfinden. Das ist eine schlechte Voraussetzung, da sich Eltern, die sich »unterlegen« fühlen, nicht auf ein Gespräch einlassen, sondern sich eher in eine Verteidigungsposition begeben.

Einladung des Partners: Fragen Sie nach, ob auch der Ehepartner, Lebenspartner oder Vater des Kindes zum Gespräch mitkommen kann oder, falls nicht, ob es eine andere Möglichkeit gibt, ihn einzubeziehen, z.B. ein Blatt mit einigen Fragen mitzugeben, die er zu Hause beantworten kann. Wenn beide kommen, können sie sich einerseits sicher fühlen, weil sie sich nicht alleine der Situation stellen müssen, und andererseits gibt es die Chance, dass ein Elternteil das Verhalten des Kindes vielleicht ähnlich einschätzt wie Sie. Das setzt aber voraus, dass Sie bei der Terminabsprache flexibel auf die Notwendigkeiten der Familie reagieren und z.B. einen Abendtermin anbieten.

Zeit zum Ankommen geben: Fallen Sie zu Beginn des Gesprächs nicht gleich mit der Tür ins Haus. Fragen Sie nach dem Befinden der Mutter oder danach, ob das Kind in der Zeit des Gesprächs gut untergebracht ist. Sorgen Sie für eine angenehme Atmosphäre. Der Raum sollte erkennbar auf die Gesprächssituation vorbereitet sein, und während des Gesprächs sollten keine Störungen durch Telefonate oder Mitarbeiterinnen vorkommen.

Begegnung auf Augenhöhe: Machen Sie sich bewusst, dass die Begegnung mit der Mutter auf partnerschaftlicher Basis stattfindet. Setzen Sie sich mit der Mutter an einen Tisch. Auch dadurch erreichen Sie eine gleichwertige Ebene. Wenn Sie dagegen hinter Ihrem Schreibtisch sitzen und die Mutter davor, ist das nicht möglich. Bedenken Sie, dass Sie zwar über Fachkompetenz verfügen, dass aber die Mutter diejenige ist, die das Kind am besten kennt und die ihre eigenen Kompetenzen und Erfahrungen einbringen kann.

Blickwinkel der Mutter: Fragen sie nach, welches Bild die Mutter von ihrem Kind hat, welche Idee sie zu dem beschriebenen Verhalten in der Kita hat. Fragen Sie nach der aktuellen Lebenssituation, denn dabei können wichtige Zusatzinformationen, die in der Kita nicht gesehen wurden, deutlich werden. In unserem Praxisbeispiel könnte die Mutter etwa davon berichten, dass neben der Krise mit dem Lebenspartner ihre Mutter pflegebedürftig geworden sei und Maren nicht mehr wie bisher mit betreuen könne und dass sie mit den vielen Veränderungen überfordert sei.

Eigene Möglichkeiten einbringen: Zeigen Sie der Mutter, dass Sie sich bereits Gedanken gemacht haben, wie Sie in der Kita dazu beitragen könnten, die Situation zu entlasten, und welche Möglichkeiten Sie haben, mit den Schwierigkeiten des Kindes umzugehen. Fragen Sie nach, wie sie Ihr Angebot der Unterstützung empfindet: Ist es passend oder hat sie selbst andere Erwartungen an die Kita, wie man sie unterstützen könnte? Fragen Sie sich selbst, ob Sie aufgrund des Themas vielleicht an Ihre Grenzen kommen und Hilfe von externen Beratungsstellen brauchen!

Auf nonverbale Signale achten: Wenn die Mutter abgelenkt scheint, wenn sie eine skeptische, zweifelnde Miene zeigt – dann fragen Sie nach! Oft werden solche nonverbalen Signale »übersehen«, weil man ja gar nicht hören will, dass die Eltern anderer Meinung sind. Wenn die Eltern aber erleben, dass sie ernst genommen werden, sind die Chancen, dass sie sich auf das Gespräch einlassen können, viel größer. Achten Sie auch darauf, welche Signale Sie selbst aussenden! Ernsthaftes Interesse und Konzentration sind sehr wichtig und vermitteln sich den Eltern.

Die Mutter ernst nehmen: Grundsätzlich sollten Eltern in allen ihren Äußerungen, in ihrer Meinung und mit ihren Ängsten und Sorgen ernst genommen werden. Wenn eine Mutter berichtet, dass sich das Kind zu Hause anders verhält, dann gehen Sie davon aus, dass das so stimmt. Vermeiden Sie es außerdem, Probleme zu bagatellisieren (»Das wird schon wieder!«), sondern halten Sie sich mit Bewertungen zurück.

Schuldzuweisungen vermeiden: Für eine konstruktive Lösung sind Schuldzuweisungen nicht hilfreich. Es geht darum, nach vorne zu schauen. Entlasten Sie die Mutter eher – sie macht sich wahrscheinlich selbst schon genug Vorwürfe oder zweifelt an ihren Fähigkeiten.

Das Ergebnis offenhalten: Selbst wenn Sie schon eine genaue Vorstellung davon haben, was die Mutter nun unternehmen soll, so müssen Sie akzeptieren, wenn sie noch Zeit braucht, um sich zum nächsten Schritt entschließen zu können. Akzeptieren Sie zunächst auch Lösungsversuche, die Ihnen nicht so erfolgversprechend erscheinen wie Ihre eigene Vorstellung.

Die Entscheidung den Eltern überlassen: Geben Sie am Ende des Gesprächs die Entscheidungskompetenz klar an die Mutter zurück und versuchen Sie nicht, sie »über den Tisch zu ziehen«. Je ehrlicher Ihnen das gelingt, umso höher ist die Chance, dass Eltern sich offen zeigen können für Ihre Vorschläge. Einzige Ausnahme: wenn das Wohl des Kindes gefährdet ist, etwa durch Misshandlung.

Zeit geben: Lassen Sie der Mutter Zeit, sich mit den Gedanken zu beschäftigen, mit denen Sie ja auch schon länger umgehen. Geben Sie ihr Bedenk- oder Beobachtungszeit und bitten Sie sie darum, sich in absehbarer Zeit wieder mit Ihnen zusammenzusetzen.

Ziele vereinbaren: Halten Sie gemeinsame Ziele fest, die eine Verbesserung der Situation zum Wohl des Kindes bewirken sollen. Was wollen Sie gemeinsam für das Kind erreichen? Was können Sie in der Kita dafür tun, was kann die Mutter zu Hause tun? Machen Sie einen neuen Termin aus, an dem Sie gemeinsam überprüfen wollen, ob Ihre gemeinsamen Vereinbarungen wirksam waren.

Protokollieren: Nach dem Gespräch wird ein Protokoll über das Gespräch geschrieben, das der Mutter vorgelegt, von ihr unterschrieben und ihr mitgegeben wird, damit sie die Möglichkeit hat, die Inhalte des Gesprächs, mögliche Vereinbarungen und gemeinsame Ziele nachzuvollziehen.

Reflexion/Supervision: Für Mitarbeiterinnen in Kitas ist es dringend erforderlich, gemeinsam mit den Kolleginnen die Gespräche zu reflektieren und wenn möglich eine Supervision in Anspruch zu nehmen. Der regelmäßige Umgang mit Problemen, das Erleben von Ohnmachtsgefühlen gegenüber Ungerechtigkeiten, der Umgang mit hilfesuchenden Menschen sind Themen, die professionell reflektiert gehören.

Hilfe zur Selbsthilfe anbieten

Problemlösungen können immer nur von den Einzelnen für ihre eigene Lebenssituation gefunden werden, denn nur dann können sie sie auch erfolgreich umsetzen. Dazu ist jedoch manchmal Hilfestellung von außen notwendig.

Bewusstes Zuhören: Ein wichtige Methode, die ratsuchenden Eltern hilft, zu eigenen Entscheidungen zu finden, ist das bewusste und aktive Zuhören. Grundvoraussetzung dafür ist, dass die Zuhörerin bereit ist, ihr eigenes

Mitteilungsbedürfnis zurückzustellen, und ihre Gedanken auf das Gegenüber einstellt. Sie hilft durch interessiertes Nachfragen an bestimmten Punkten, so dass die Eltern ihre Empfindungen oder eigene Ideen zur Problemlösung beschreiben können. Wer bewusst zuhört, kann spüren, ob jemand weitere Unterstützung haben möchte.

Auf Kompetenzen vertrauen: Den Eltern wird es nur gelingen, ihre eigene Verantwortung wahrzunehmen, wenn sie sich als selbst wirksam und wichtig erleben und wenn sie an die eigenen Fähigkeiten glauben können. Nur dann können sie sich um Probleme kümmern, sich Hilfe von außen holen und Veränderungen selber gestalten. Für die pädagogischen Fachkräfte kann es entlastend sein, wenn sie sich trotz ihrer Verantwortung immer wieder bewusst machen, dass jeder Mensch eigene Kompetenzen und Ressourcen hat, die ihm dabei helfen, sein Leben zu regeln. Diese können im Gespräch benannt werden: »Für mich ist es sehr beeindruckend, dass Sie sich trotz der Belastungen, mit denen Sie im Moment kämpfen, täglich Zeit nehmen, um mit Ihrer Tochter zu kuscheln und ihr zu zeigen, dass Sie für sie da sind.« Eine solche Rückmeldung vermittelt Akzeptanz und Verständnis. Sie lädt die Mutter zur weiteren Suche nach Problemlösungen ein, zeigt ihr aber auch, dass sie selbst auf dem richtigen Weg ist.

Unterstützung und Hilfen vermitteln: Eltern brauchen Zugang zu Adressen von Hilfsangeboten, Treffpunkten und Netzwerken, z. B. Treffpunkte für alleinerziehende Mütter und Väter, Eltern-Kind-Gruppen, pädagogische Elternkurse (*siehe Kapitel 6*), Familienkreise. Besteht eine Zusammenarbeit der Kita mit Beratungsstellen, können die Eltern bei der Kontaktaufnahme mit diesen Stellen unterstützt werden. Für die Eltern könnte es eine große Erleichterung sein, wenn sie Termine mit den entsprechenden Therapeuten in der Kita wahrnehmen könnten, etwa zu den Themen Ehe-, Erziehungs- und Lebensberatung, Schuldnerberatung, Hilfen für Arbeitslose u. Ä. Neben der Vermittlung der Eltern an die Beratungsstellen besteht auch die Möglichkeit, dass sich Eltern, pädagogische Fachkräfte und Therapeuten zusammensetzen, um gemeinsam eine Lösung zum Wohl des Kindes zu finden.

8.

»Hätten wir das nur früher gewusst!«

Die Arbeit überprüfen und am Bedarf orientieren

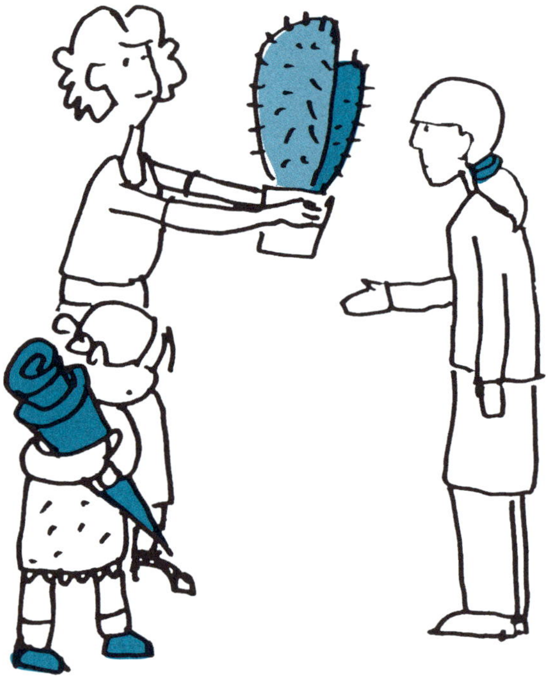

Bei der Abschiedsfeier der Schulanfänger kommt unter den Eltern, aber auch unter den pädagogischen Fachkräften der Janusz-Korczak-Kita Wehmut über den bevorstehenden Abschied auf. Einige Eltern nutzen die Gelegenheit, sich für die Zusammenarbeit zu bedanken und ihre Zufriedenheit auszudrücken. Frau Sommer, die Mutter von Jonas, war in letzter Zeit aber mit einigen Dingen nicht mehr ganz zufrieden und berichtet deshalb von Problemen, die sie mit den Öffnungszeiten aufgrund ihrer Berufstätigkeit hatte. Die Erzieherinnen fragen sich, warum Frau Sommer erst jetzt ihre Unzufriedenheit äußert und nicht eher damit auf sie zukam. Sie freuen sich zwar über die positiven Rückmeldungen der Eltern, fragen sich aber gleichzeitig, warum sie erst jetzt zum Zeitpunkt der Verabschiedung ihre Eindrücke schildern.

Was ist hier passiert?

Die Abschiedsfeier war für viele Eltern Anlass für einen ganz persönlichen Rückblick auf die Zeit ihres Kindes in der Kita. Einigen wird erst jetzt noch einmal deutlich, wie wohl sie sich in der Einrichtung gefühlt haben und wie vertraut sie mit den pädagogischen Fachkräften im Laufe der Jahre geworden sind. Es ist ihnen ein Bedürfnis, ihre positiven Erfahrungen und Gefühle zu äußern und sich zu bedanken. Auch Frau Sommer sieht sich verpflichtet, eine ehrliche Rückmeldung zu geben, da sie sehr zufrieden mit der pädagogischen Arbeit und der Entwicklung von Jonas in der Kita war. Sie hat sich aber auch öfter über die starren Öffnungszeiten der Kita geärgert, besonders dann, wenn sie unter Zeitdruck gerade noch rechtzeitig kam oder ergänzende Betreuungspersonen für Jonas ausfielen. Da sich bisher keine Gelegenheit ergeben hat, sich über dieses Problem mit den Fachkräften auszutauschen, nutzt sie nun die Abschiedsfeier für ihre Kritik.

Wie könnte es besser laufen?

In der Janusz-Korczak-Kita gibt es bisher keine festgelegten Maßnahmen der Evaluation, bei der Abläufe regelmäßig überprüft werden und eine ständige Verbesserung der täglichen Arbeit angestrebt wird. Im Rahmen eines Qualitätsmanagementsystems ist diese regelmäßige Überprüfung ein wichtiges Instrument, um sich durch weitere Maßnahmen auf den Bedarf und die Wünsche der Familien einstellen zu können.

Die Arbeit regelmäßig überprüfen und weiterentwickeln

Mit dem Gesetz zum qualitätsorientierten und bedarfsgerechten Ausbau der Tagesbetreuung für Kinder (TAG) wurden einige Passagen im Kinder- und Jugendhilfegesetz (SGB VIII) verändert. Dort heißt es im § 22a (1): »Die Träger der öffentlichen Jugendhilfe sollen die Qualität der Förderung in ihren Einrichtungen durch geeignete Maßnahmen sicherstellen und weiterentwickeln. Dazu gehören die Entwicklung und der Einsatz einer pädagogischen Konzeption als Grundlage für die Erfüllung des Förderungsauftrages sowie der Einsatz von Instrumenten und Verfahren zur Evaluation der Arbeit in den Einrichtungen.« Das Ziel der Evaluation ist eine ständige Verbesserung der Arbeit in der Kindertageseinrichtung für die Fachkräfte, für die Kinder und deren Familien. Dazu müssen regelmäßig Informationen über die Kinder und ihre Familien, über die Tätigkeit des Trägers und der pädagogischen Fachkräfte, über die pädagogische Arbeit, über die Mitarbeiterzufriedenheit und alle anderen Bereiche der Tageseinrichtung gesammelt, analysiert, ausgewertet und diskutiert werden.

Sich selbst in den Blick nehmen

Selbstevaluation ist eine Form der Innenschau von pädagogischen Mitarbeiterinnen: sich selbst in den Blick nehmen, das eigene Handeln reflektieren und die berufliche Praxis bewerten. Zentrales Interesse der Selbstevaluation ist die Reflexion des gesamten Systems. Es werden nicht nur einzelne Ereignisse oder Konflikte reflektiert, sondern es geht ums Nachdenken und Bewerten in größeren Zusammenhängen. Zum Beispiel wird die eigene

Haltung in Bezug auf unterschiedliche Bezugsgruppen und unterschiedliche Tätigkeitsbereiche reflektiert. Zur Selbstreflexion können folgende Fragen anregen, wie sie derzeit in einigen englischen Kinderzentren mit den pädagogischen Mitarbeiterinnen erprobt und umgesetzt werden:

- Was ist derzeit meine größte Herausforderung in meinem Arbeitsfeld?
- Welche Dinge laufen besonders gut und sind erfolgreich?
- Worauf kann ich stolz sein?
- Was können ich und mein Team (inklusive der Kinder und Familien, anderer Einrichtungen und des weiteren Umfelds) tun, um Veränderungen anzustoßen? Wie kann ich dazu beitragen, einen negativen Trend zu ändern?
- Was wären kleine Schritte, um dieses Ziel zu erreichen?
- Wie merke ich, dass ich es erreicht habe?
- Wie kann ich das Erreichte langfristig und nachhaltig sichern?

Noch etwas konkreter auf die Erziehungspartnerschaft hin ausgerichtet sind folgende Fragen:

- Was fordert mich besonders heraus in der Partnerschaft mit den Eltern?
- Was läuft gut zwischen den Eltern und unserer Einrichtung?
- Mit was sind wir noch nicht zufrieden?
- Wird bei uns das Wissen der Eltern über ihr Kind angehört, respektiert und wertgeschätzt?
- Haben wir Veränderungen wahrgenommen?
- Haben wir den Eltern schon einmal gesagt, wie gut es läuft und wie zufrieden wir mit den Veränderungen sind?
- Werden die Ansichten der Eltern über unsere Einrichtung angehört?
- Bemühen wir uns immer wieder um eine positive Grundeinstellung?
- Werden die familiären Hintergründe respektiert und ernst genommen?
- Welche Rechte haben Eltern in unserer Einrichtung?
- Wo können Eltern mitgestalten, mitreden und mitentscheiden?
- Haben Eltern jederzeit Zutritt?
- Gibt es eine Informations- und Entscheidungsstruktur der wesentlichen Angelegenheiten der Einrichtung, bei der Eltern beteiligt werden?

Sich in den Blick nehmen lassen

Eine große Chance für die Überprüfung der Arbeit bietet ein Blick von außen, auch von Personen, die nicht direkt im System eingebunden sind. Diese Fremdevaluation kann von beteiligten Partnern, wie z. B. den Eltern, Kooperationspartnern oder externen Beratern, durchgeführt werden. Dabei wird der Blick auf Prozesse, Zusammenhänge, Abläufe oder Konzeptionen gelegt und nach Veränderungspotenzialen gefragt.

Eine weitere gute Möglichkeit ist der Austausch mit anderen Einrichtungen. Eltern und pädagogische Mitarbeiterinnen treffen sich mit Eltern und pädagogischen Mitarbeiterinnen aus anderen Kitas zum Austausch, um die eigene professionelle Praxis weiterzuentwickeln und zu verbessern. Die Ziele eines solchen gegenseitigen Austauschs sind, voneinander zu lernen, Ideen zu entwickeln und von den Erfahrungen anderer zu profitieren.

Verfahren zur Überprüfung der Arbeit einführen

Die Reflexion der Arbeit und die Überprüfung der Ziele und Wirkung von Prozessen und Abläufen ist ein zentraler Bestandteil der Arbeit in den Tageseinrichtungen. Vor allem sollten Veränderungsprozesse regelmäßig überprüft und ausgewertet werden. In Bezug auf die Erziehungspartnerschaft eignen sich verschiedene Methoden:

Zielvereinbarungsgespräche: Die Leiterin führt mit den Mitarbeiterinnen regelmäßig Zielvereinbarungsgespräche, in denen auch die Ziele im Rahmen der Erziehungspartnerschaft formuliert werden. Bei der Überprüfung der gesteckten Ziele wird deutlich, ob die Ziele realistisch waren, ob sie neu formuliert oder weiterentwickelt werden.

Befragung von Eltern: Nach Veranstaltungen, Projekten etc. können die Eltern sporadisch befragt werden.

Zufriedenheitsanalyse: Anhand einer regelmäßig stattfindenden umfassenden Umfrage werden verschiedene Bereiche und Abläufe der Tageseinrichtung von den Eltern bewertet und ihre Zufriedenheit mit der Zusammenarbeit erfragt. Die Zufriedenheitsanalyse in Abbildung 7 (*siehe Seite 90*) kann als Vorlage genutzt und für den individuellen Gebrauch geändert und ergänzt werden. Empfehlenswert sind Übersetzungen in die Sprachen der Familien mit Migrationshintergrund.

Zukunftskonferenz und Zukunftswerkstatt: Dieses Verfahren dient der Entwicklung von Visionen und zur Umsetzung von ersten Schritten. Mehrere Eltern werden bei einer solchen Konferenz motiviert, z.B. zum Thema »Die Zukunft unserer Kita« verschiedene Ideen zu sammeln, die realistisch und unrealistisch, kreativ und innovativ sein können und die dazu dienen sollen, gewohnte Denkrichtungen zu verlassen. Mit neuer Motivation und neuen Ideen können gewohnte Abläufe neu strukturiert oder überarbeitet werden.

Eltern brauchen verlässliche Strukturen

Für Eltern ist es wichtig, dass sie immer dann, wenn sie Kritik oder Wünsche äußern möchten, eine Gelegenheit haben, dies auch zu tun. Dabei hilft es, einen gut zugänglichen Ort in der Kita zu haben, der dazu anregt, Rückmeldungen zu geben. Ein Briefkasten oder eine Infowand eignen sich für schriftliche Rückmeldungen. Es muss aber nicht der »Kummerkasten« sein, es kann auch der »Kita-Briefkasten« sein, der sichtbar für alle aufgehängt ist.

Die Eltern sollten ebenfalls wissen, dass in der Kita regelmäßig Umfragen durchgeführt werden und in der Regel auch die Zufriedenheit mit Veranstaltungen abgefragt wird. Festgelegte Strukturen, bei denen Rückmeldungen zu Veranstaltungen und zur Arbeit dazugehören, vermitteln den Eltern, dass die Fachkräfte eine positive Einstellung gegenüber Verbesserungsvorschlägen oder Wünschen haben. Wenn Eltern häufiger dazu aufgefordert werden, Fragebögen auszufüllen, sollte darauf geachtet werden, dass sie relativ zeitnah vom Ergebnis der jeweiligen Umfrage informiert werden. Nur wenn die Ergebnisse bald kommuniziert werden, wird es gelingen, die Eltern als gleichwertige Partner in den Veränderungsprozess miteinzubeziehen und ihre Bereitschaft für weitere Umfragen zu erhalten.

Befragung der Eltern über ihre Zufriedenheit mit der Kita

Liebe Eltern,
unsere Kita soll für Sie und Ihr/e Kind/er ein Ort sein, an dem Sie sich wohlfühlen können. Wir wollen unsere Arbeit regelmäßig überprüfen und verbessern. Deshalb möchten wir gerne von Ihnen erfahren, wie zufrieden Sie mit unserer Kita sind und ob Sie Veränderungswünsche haben.

1. Allgemein

	Überwiegend ja	**Eher ja**	**Eher nicht**	**Überwiegend nicht**
Wir kommen gerne in die Kita und fühlen uns wohl.				
Unser Kind fühlt sich in der Kita wohl.				
Die pädagogischen Fachkräfte sind freundlich und hilfsbereit.				
Die Atmosphäre in der Kita ist angenehm.				
Wir haben uns von Anfang an willkommen gefühlt.				

Weitere Rückmeldungen:

....

....

2. Öffnungszeiten

Mit den bestehenden Öffnungszeiten sind wir zufrieden.

☐ Ja

☐ Nein, besser wären folgende Zeiten: ....

Abbildung 7: Formular »Zufriedenheitsanalyse«

Weitere Rückmeldungen:

....

3. Angebote

Wir benötigen zusätzliche Angebote für unser Kind:

☐ Schulkindbetreuung
☐ Betreuung für Kinder unter drei Jahren
☐ Ganztagesbetreuung
☐ Halbtagesbetreuung
☐ Spielgruppen
☐ Tagespflege

4. Ferienregelung

Mit der Ferienregelung sind wir zufrieden.

☐ Ja
☐ Nein, wir wünschen uns: ....

5. Mittagessen

Wir haben Interesse an einem Mittagessensangebot für unser Kind.

☐ Ja, täglich
☐ Ja, an manchen Tagen: ....
☐ Nein

Unser Kind isst regelmäßig mit:

☐ Wir sind mit dem Essen zufrieden
☐ Wir haben zum Essen folgende Veränderungswünsche:

....

6. Arbeit mit den Kindern

Wir hätten gerne mehr Einblick in die Arbeit mit den Kindern.

☐ Ja ☐ Nein

Besonders interessieren würde uns: ....

....

Folgende Aktivitäten und Angebote sind uns für unser/e Kind/er besonders wichtig und wünschen wir uns verstärkt in der Kita (z.B. Bewegung, Experimentieren, Erzählen ...):

....

....

....

....

7. Angebote für Eltern und Familien

Wir wünschen uns

– Elternabende	□ weniger	□ mehr	□ beibehalten
– pädagogische Themennachmittage	□ weniger	□ mehr	□ beibehalten
– Entwicklungsgespräche	□ weniger	□ mehr	□ beibehalten
– Tür- und Angelgespräche	□ weniger	□ mehr	□ beibehalten
– Hospitationen	□ weniger	□ mehr	□ beibehalten
– Hausbesuche	□ weniger	□ mehr	□ beibehalten
– gemeinsame Aktionen	□ weniger	□ mehr	□ beibehalten
– Eltern-Kind-Nachmittage	□ weniger	□ mehr	□ beibehalten
– Gemütliche Treffen/Basteln	□ weniger	□ mehr	□ beibehalten
– Portfolio gemeinsam gestalten	□ weniger	□ mehr	□ beibehalten
– Übergänge gemeinsam gestalten	□ weniger	□ mehr	□ beibehalten
– Austausch über das Beobachten unseres Kindes	□ weniger	□ mehr	□ beibehalten

Unter Erziehungspartnerschaft mit den pädagogischen Fachkräften verstehen wir:

....

....

Wir wünschen uns mehr Informationen
- ☐ zu den Bildungsangeboten in der Kita
- ☐ zur Bildungs- und Entwicklungsbeobachtung der Kinder
- ☐ zum Portfolio
- ☐ zur Raumgestaltung
- ☐ zur pädagogischen Konzeption
- ☐ zur Betreuung der Krippenkinder
- ☐ zur Betreuung der Schulkinder
- ☐ zu folgenden Themen: ....

Wir hätten Interesse daran, wenn Einrichtungen (Beratungsstellen, Vereine o. Ä.) oder Personen (z. B. Ärzte, Logopäden, Psychologen) Termine in der Kita anbieten würden:
- ☐ Ja
- ☐ Nein

Wir hätten Interesse am Austausch mit anderen Müttern und Vätern

- ☐ Ja, z. B. über ....
- ☐ Nein

Wir hätten Lust, eine Aktivität für die Kinder in der Einrichtung anzubieten?

- ☐ Ja, z. B. über ....
- ☐ Nein

Vielen Dank, dass Sie die Fragen beantwortet haben. Selbstverständlich erhalten Sie nach der Auswertung eine Nachricht über die Ergebnisse.

ABBILDUNGSVERZEICHNIS

LITERATURVERZEICHNIS

Beller, E. Kuno (2002): *Eingewöhnung in die Krippe. Ein Modell zur Unterstützung der aktiven Auseinandersetzung aller Beteiligten mit Veränderungsstress.* In: frühe Kindheit, 2/2002.

Fthenakis, Wassilios E. (1993): *Fünfzehn Jahre Vaterforschung im Überblick. In: DJI (Hg.): Was für Kinder. Aufwachsen in Deutschland. Ein Handbuch.* München: Kösel.

Gudat, Ulrich (1982): *Kinder bei der Tagesmutter: Frühkindliche Fremdbetreuung und sozial-emotionale Entwicklung.* München: Verlag Deutsches Jugendinstitut.

Haug-Schnabel, Bensel (2007): *Kinder unter 3 – Bildung, Erziehung und Betreuung von Kleinstkindern.* Kindergarten heute spezial. Freiburg: Herder Verlag.

Hebenstreit-Müller, Sabine/Kühnel, Barbara (2005): *Integrative Familienarbeit in Kitas.* Berlin: Dohrmann Verlag.

Laewen, Hans-Joachim/Andres, Beate/Hédervári, Éva (2003): *Die ersten Tage – ein Modell zur Eingewöhnung in Krippe und Tagespflege.* Weinheim/Basel/Berlin: Beltz Verlag.

Landeszentrum für Zuwanderung NRW (2004): *Interkulturelle Zusammenarbeit mit Eltern. Eine Arbeitshilfe für die Praxis der Kindertageseinrichtungen.* Solingen.

Ulich, Michaela/Oberhuemer, Pamela/Soltendieck, Monika (2001): *Die Welt trifft sich im Kindergarten. Interkulturelle Arbeit und Sprachförderung,* Weinheim/Basel/Berlin: Beltz Verlag.

Verlinden, Martin/Külbel, Anke (2005): *Väter im Kindergarten.* Berlin: Cornelsen Verlag.

Verlinden, Martin (2006): *Kinder und KiTas brauchen Männer.* In: kindergarten heute, 9/2006.

Margy Whalley und das Pen Green Centre Team (2007): *Eltern als Experten ihrer Kinder. Das »Early Excellence«-Modell in Kinder- und Familienzentren.* Berlin: Dohrmann Verlag.

Williams, Leslie R. (1991): *Curriculum Making in Two Voices: Dilemmas of Inclusion in Early Childhood Education.* In: Early Childhood Research Quarterly, 6/1991, S. 303–311.